JY²
80

I0168459

HISTOIRE

DE

DON QUICHOTTE

JULES DAVID

GARNIER FRÈRES, Libraires-Éditeurs, 6, rue des Saints-Pères, PARIS

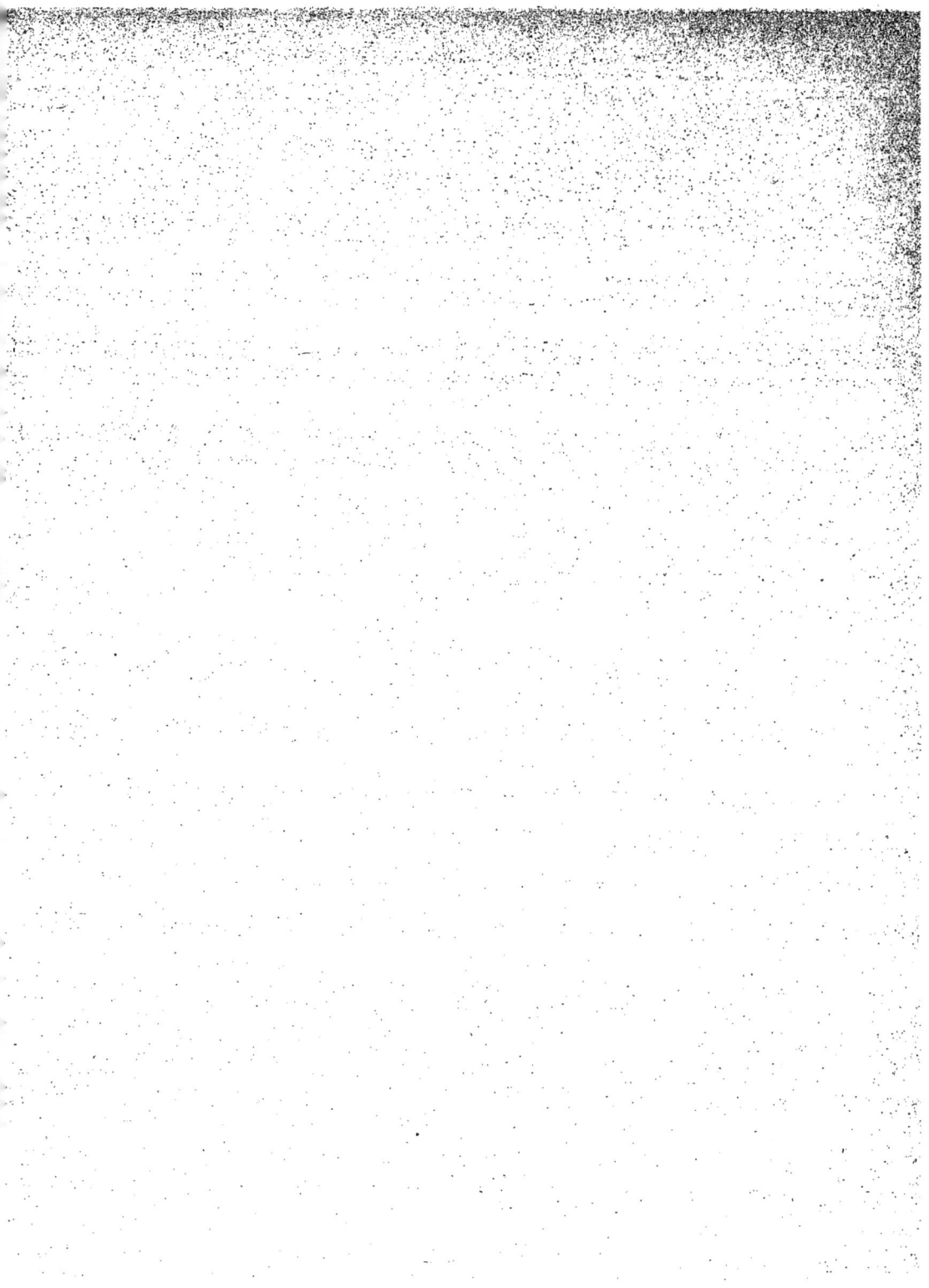

f° 1
80

HISTOIRE

DE

DON QUICHOTTE

JULES DAVID

Paris. — Typ. Ch. Unsinger.

DON QUICHOTTE ET SANCHO PANÇA.

HISTOIRE

DE

DON QUICHOTTE

PAR

MIGUEL DE CERVANTÈS SAAVEDRA

Traduction de FLORIAN

ÉDITION ILLUSTRÉE DE GRAVURES EN COULEUR D'APRÈS LES DESSINS DE JULES DAVID

VIGNETTES SUR BOIS D'APRÈS LES DESSINS DE G. STAAL

PARIS

GARNIER FRÈRES, LIBRAIRES-ÉDITEURS

6, RUE DES SAINTS-PÈRES, 6

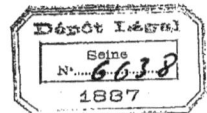
Dépôt Légal
Seine
N° 6638
1887

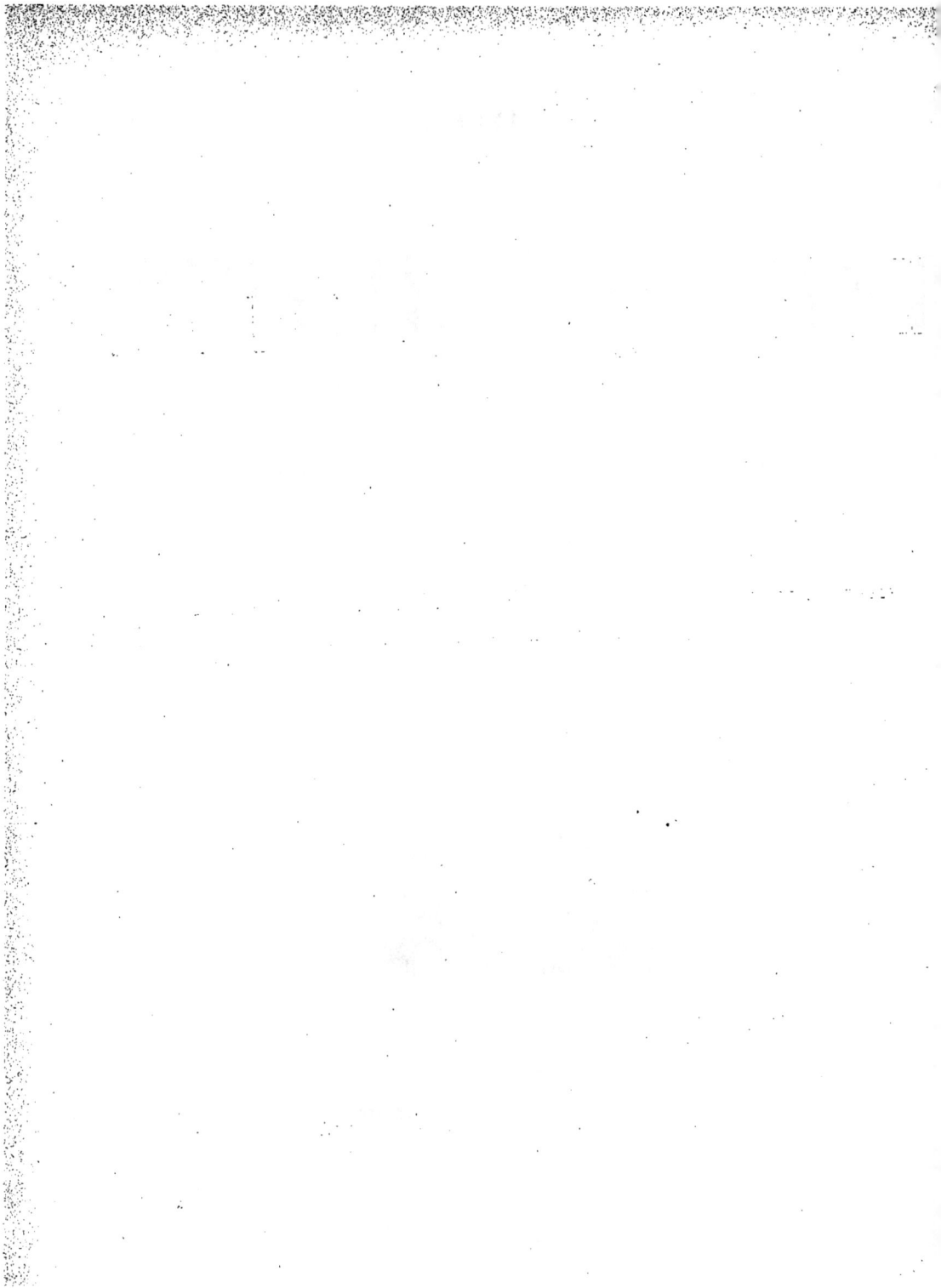

HISTOIRE

DE

DON QUICHOTTE

CHAPITRE PREMIER

DU CARACTÈRE ET DES OCCUPATIONS DU FAMEUX DON QUICHOTTE DE LA MANCHE

ANS un village de la Manche (1) vivait, il n'y a pas longtemps, un de ces gentilshommes qui ont une vieille lance, une rondache rouillée, un cheval maigre et un lévrier. Un bouilli, plus souvent de vache que de mouton, une vinaigrette le soir, des œufs frits le samedi, le vendredi des lentilles, et quelques pigeonneaux de surplus le dimanche, emportaient les trois quarts de son revenu. Le reste payait sa casaque de drap fin, ses chausses de velours avec les mules pareilles pour les jours de fête, et l'habit de gros drap pour les jours ouvriers. Sa maison était composée d'une gouvernante de plus de quarante ans, d'une nièce qui n'en avait pas vingt, et d'un valet qui faisait le service de la maison, de l'écurie, travaillait aux champs et taillait la vigne. L'âge de notre gentilhomme approchait de cinquante ans. Il était vigoureux, robuste, d'un corps sec, d'un visage maigre, très matinal, et grand chasseur. Il s'appelait Quixada.

Lorsque notre gentilhomme était oisif, c'est-à-dire les trois quarts de la journée, il s'appliquait à la lecture des livres de chevalerie avec tant de goût, de plaisir, qu'il en oublia la chasse et l'administration de son bien. Cette passion devint si forte, qu'il vendit plusieurs

(1) Ancienne province d'Espagne, dans la Nouvelle-Castille.

morceaux de terre pour se former une bibliothèque de ces livres. Notre gentilhomme passait les jours et les nuits à se repaître de ces ouvrages. Cette continuelle lecture et le défaut de sommeil lui desséchèrent la cervelle : il perdit le jugement. Sa pauvre tête n'était plus remplie que d'enchantements, de batailles, de cartels d'amour, de tournois, et de toutes les folies qu'il avait vues dans ses livres.

Bientôt il lui vint dans l'esprit l'idée la plus étrange que jamais on ait conçue. Il s'imagina que rien ne serait plus beau, plus honorable pour lui, plus utile à sa patrie, que de ressusciter la chevalerie errante, en allant lui-même à cheval, armé comme les paladins, cherchant les aventures, redressant les torts, réparant les injustices. Le pauvre homme se voyait déjà conquérant par sa valeur l'empire de Trébizonde. Enivré de ces espérances, il résolut aussitôt de mettre la main à l'œuvre. La première chose qu'il fit fut d'aller chercher de vieilles armes couvertes de rouille, qui, depuis son bisaïeul, étaient restées dans un coin. Il les nettoya, les rajusta le mieux qu'il put; mais il vit avec chagrin qu'il lui manquait la moitié du casque. Son adresse y suppléa; il fit cette moitié de carton, et parvint à se fabriquer quelque chose qui ressemblait à un casque. À la vérité, voulant éprouver s'il était de bonne trempe, il tira son épée, et, le frappant de toute sa force, il brisa du premier coup tout son ouvrage de la semaine. Cette promptitude à se rompre ne laissa pas de lui déplaire dans un casque. Il recommença son travail, et cette fois ajouta par-dessus de petites bandes de fer qui le rendirent un peu plus solide. Satisfait de son invention, et ne se souciant plus d'en faire une nouvelle épreuve, il se tint pour très bien armé. Alors il fut voir son cheval; et quoique la pauvre bête ne fût qu'un squelette vivant, il lui parut plus vigoureux que le Bucéphale d'Alexandre ou le Babiéca du Cid. Il rêva pendant quatre jours au nom qu'il lui donnerait : ce qui l'embarrassait beaucoup; car, devant faire du bruit dans le monde, il désirait que ce nom exprimât ce qu'avait été le coursier avant sa noble destinée et ce qu'il était devenu. Après en avoir adopté, rejeté, changé plusieurs, il se détermina pour *Rossinante*, nom sonore selon lui, beau, grand, significatif. Il fut si content d'avoir trouvé ce nom superbe pour son cheval, qu'il résolut d'en chercher un pour lui-même; et cela lui coûta huit autres jours. Enfin il se nomma don

Quichotte. Mais, se rappelant qu'Amadis ne s'était pas contenté de s'appeler seulement Amadis, et qu'il y avait joint le nom de la Gaule, sa patrie, il voulut aussi s'appeler *don Quichotte de la Manche,* pour faire participer son pays à la gloire qu'il acquerrait.

C'était quelque chose que d'avoir des armes, un demi-casque de carton, un coursier, un nom imposant pour lui-même; mais le principal lui manquait encore: c'était une dame; car un chevalier sans dame est un arbre sans fruits, sans feuilles, une espèce de corps sans âme. « Si pour mes péchés, disait-il, ou plutôt pour mon bonheur, je me rencontre avec un géant, ce qui arrive tous les jours, et que du premier coup je le renverse, le partage par le milieu du corps, ou enfin l'oblige à se rendre, ne me sera-t-il pas agréable d'avoir une dame à qui l'envoyer, afin que, se présentant devant elle, il vienne se mettre à genoux, et lui dise d'une voix soumise: « Madame, vous voyez ici le géant Caraculiambro, souverain de l'île de Malindranie. L'illustre « chevalier que la renommée ne peut jamais assez louer, don Quichotte de la Manche, après « m'avoir vaincu en combat singulier, m'a prescrit de me rendre aux pieds de Votre Grandeur « pour qu'elle dispose de moi. »

Oh! que notre héros fut content de lui lorsqu'il eut fait ce discours! et qu'il le fut davantage quand il eut trouvé le nom de sa dame! On prétend qu'il avait aimé jadis une assez jolie paysanne des environs, qui jamais n'en avait rien su, ou ne s'en était guère souciée. Ce fut elle qu'il établit sa dame. Elle se nommait Aldonza Lorenzo; mais, voulant lui donner un nom plus convenable à une princesse, il l'appela *Dulcinée du Toboso.* C'était dans ce village qu'elle demeurait. Ce nom, qui lui coûta du travail, lui parut aussi harmonieux, aussi agréable, aussi expressif que tous ceux qu'il avait choisis.

CHAPITRE II

COMMENT DON QUICHOTTE SORTIT DE CHEZ LUI LA PREMIÈRE FOIS

OTRE héros, étant pourvu de tout ce qu'il lui fallait, ne voulut pas différer plus longtemps l'exécution de son projet sublime. Il se croyait responsable de tout le mal que son inaction laissait commettre sur la terre. Un matin donc, avant le jour, dans le plus chaud du mois de juillet, sans être vu, sans en rien dire, il se couvre de ses armes, monte sur Rossinante, et, la lance au poing, la rondache au bras, sa visière de carton baissée, il sort par une porte de derrière, et se voit enfin en campagne. Surpris, charmé que le commencement d'une aussi grande entreprise n'eût pas éprouvé plus de difficultés, il lui vint pourtant une réflexion désolante, qui manqua lui faire tout abandonner : il se rappela qu'il n'était point armé chevalier, et que, suivant leurs lois sacrées, il lui était défendu de combattre avant d'avoir reçu l'ordre de la chevalerie, d'avoir porté comme novice les armes blanches et l'écu sans devise. Ce terrible scrupule le tourmentait; mais il y trouva remède. Il se promit de se faire recevoir chevalier par le premier qu'il rencontrerait, comme cela était arrivé à tant d'autres dont il avait lu les histoires. Quant aux armes blanches, il était bien sûr que les siennes deviendraient telles à force de les fourbir. Cette idée rendit le calme à son âme. Il pouruivits son chemin en laissant aller Rossinante à son gré; car il lui semblait qu'en cela consistait l'essence des aventures.

Il marcha presque tout le jour sans rencontrer, à son grand dépit, la moindre occasion d'exercer son courage. Vers le soir, son cheval et lui s'arrêtèrent, mourants de faim. En regardant de tous côtés pour découvrir quelque château ou quelque cabane de pâtre qui pût lui servir d'asile, il aperçut une hôtellerie; et, rendant grâces au ciel de cette fortune, il se pressa d'y arriver.

Le hasard fit que deux jeunes filles étaient alors sur la porte de l'auberge. Don Quichotte, qui voyait partout ce qu'il avait lu, n'eut pas plutôt découvert l'hôtellerie, qu'il la prit pour un château superbe, avec ses fossés et son pont-levis, ses quatre tours, ses créneaux d'argent, tels qu'ils sont décrits dans les romanciers. Il s'approcha du prétendu château; et, s'arrêtant à peu de distance, il attendit que le nain se montrât sur une des plates-formes pour annoncer, selon l'usage, en sonnant de la trompette, l'arrivée du chevalier. Comme le nain ne se pressait pas, et que Rossinante paraissait pressé de gagner l'écurie, notre héros s'avança jusqu'à la porte où étaient les deux jeunes filles. Elles lui parurent deux demoiselles de haut parage, prenant le frais devant leur château. Dans le même instant, un porcher, pour rassembler son troupeau, se mit à sonner d'un mauvais cornet. Don Quichotte ne douta plus que ce ne fût le nain qui l'annonçait; et, s'adressant aux demoiselles, un peu effrayées de ses armes : « Rassurez-vous, leur dit-il, en leur montrant sous sa visière de carton un visage sec et poudreux, vos seigneuries n'ont rien à craindre : les lois de la chevalerie, que je fais profession de suivre, me défendent d'offenser personne, et me prescrivent surtout d'être aux ordres des demoiselles aussi respectables que vous. »

Les jeunes filles, étonnées, le considérèrent avec de grands yeux, et se mirent à rire. « Mesdames, reprit don Quichotte, presque fâché, il ne suffit pas d'être belles, il faut encore être réservées, et surtout ne pas rire sans sujet. Daignez excuser cet avis de la part d'un homme qui ne désire que de vous servir. » Ce langage, fort étranger aux jeunes filles, et la mine du chevalier, faisaient redoubler les ris. Don Quichotte perdait patience, lorsque heureusement l'aubergiste arriva. C'était un gros Andalous de la plage de San Lucar, fin comme l'ambre, rusé voleur, et plus malin qu'un écolier. Il fut sur le point de rire aussi bien que les demoiselles quand il aperçut l'extraordinaire figure du gentilhomme cuirassé; mais, craignant qu'il ne prît mal la plaisanterie, il voulut en user poliment. « Seigneur chevalier, dit-il, si Votre Seigneurie demande à coucher, elle trouvera ici tout ce qu'il lui faut, excepté un lit; c'est la seule chose qui nous a toujours manqué. » Don Quichotte, très satisfait des offres obligeantes de l'alcade de la forteresse, car l'aubergiste lui parut tel, se hâta de lui répondre : « Seigneur châtelain, tout est bon pour moi; les armes sont ma parure et les combats mon repos. — Cela étant, reprit l'aubergiste, un peu surpris de s'entendre appeler châtelain, si Votre Seigneurie veut passer ici la nuit sans dormir, elle y sera plus commodément que partout ailleurs. » En achevant ces mots, il courut tenir l'étrier de don Quichotte, qui descendit avec assez de peine, comme un homme encore à jeun.

Son premier soin fut de recommander à l'aubergiste de ne laisser manquer de rien son cheval, qu'il l'assura être le meilleur des animaux de ce monde. L'aubergiste, le considérant, fut loin d'être convaincu; cependant il le conduisit à l'écurie, et revint près de don Quichotte, qu'il trouva se faisant désarmer par les deux belles demoiselles, déjà réconciliées avec lui. Ces dames lui avaient ôté les deux pièces de la cuirasse; mais elles ne pouvaient venir à bout de désenchâsser sa tête du hausse-col et du casque que don Quichotte avait attachés l'un à l'autre avec de petits rubans verts si étroitement noués, qu'il fallait couper les nœuds. Notre chevalier s'y opposa fortement; il aima mieux rester toute la nuit avec son casque : ce qui faisait la plus étrange figure que l'on puisse imaginer.

Les jeunes filles lui demandèrent enfin s'il voulait manger quelque chose. Il répondit franchement qu'il avait besoin de dîner. Comme c'était un vendredi, l'on ne put trouver dans l'hôtellerie qu'une espèce de mauvaise merluche, bonne tout au plus pour des muletiers. L'hôte s'informa gravement si don Quichotte aimait la marée; et, sur sa réponse que c'était pour lui la meilleure chère, on dressa la table devant la porte. Bientôt on vint lui servir de cette détestable merluche avec un pain plus noir et plus dur que les armes du chevalier. Quand don Quichotte voulut goûter de la prétendue marée, son hausse-col de fer l'empêcha de pouvoir rien porter à sa bouche; il fallut qu'une des demoiselles voulût bien remplir cet office; et lorsqu'il fut question de boire, sa visière l'embarrassa tellement, que jamais il n'en serait venu à bout, si l'aubergiste n'avait inventé de percer un long roseau par lequel on fit arriver le vin.

Notre héros supportait tout patiemment plutôt que de sacrifier ses rubans verts. La seule chose qui l'affligeait au fond de l'âme, c'était de n'être point encore armé chevalier.

CHAPITRE III

DE L'AGRÉABLE MANIÈRE DONT NOTRE HÉROS REÇUT L'ORDRE DE CHEVALERIE

OURMENTÉ de cette idée, don Quichotte abrège son mauvais souper, se lève, appelle l'aubergiste, et, s'enfermant avec lui dans l'écurie, il se jette à ses genoux : « Illustre chevalier, lui dit-il, j'ose supplier votre courtoisie de vouloir m'accorder un don. » L'aubergiste, surpris de ces paroles et de voir cet homme à ses pieds, s'efforçait de le relever; mais, n'en pouvant venir à bout, il lui promit ce qu'il demandait. « Je n'en attendais pas moins de votre magnanimité, reprit don Quichotte; ce que je désire de vous ne peut tourner qu'à votre gloire et au profit de l'univers; c'est de permettre que cette nuit même je fasse la veille des armes dans la chapelle de votre château, et que demain, au point du jour, vous me confériez l'ordre de chevalerie, afin que je puisse aller dans les quatre parties du monde secourir les faibles et les opprimés, selon l'usage des chevaliers errants, au nombre desquels je brûle de me voir enfin agrégé. »

L'aubergiste, comme nous l'avons dit, ne manquait pas de malice. Il avait d'abord soupçonné la folie de don Quichotte : il n'en douta plus après ces paroles; et, voulant s'en amuser, il lui répondit très sérieusement : « Seigneur, un si noble désir est digne de votre grande âme. Vous ne pouviez, pour le satisfaire, mieux vous adresser qu'à moi; ma jeunesse entière fut consacrée à cet honorable exercice. J'allais courant l'univers et cherchant les aventures dans les faubourgs de Malaga, dans les marchés de Séville, de Ségovie, de Valence, sur les ports, aux jardins publics, à la bourse, partout enfin où je trouvais quelque chose à faire. Me voyant vieux, j'ai pris le parti de me retirer dans mon château, où je vis paisiblement de mon bien et de celui des autres, me faisant toujours un plaisir de recevoir de mon mieux tous les chevaliers errants qui passent, de quelque qualité qu'ils soient, et ne leur demandant pour prix d'une si tendre affection que de partager avec moi l'argent qui peut les embarrasser. Dans ce moment, je n'ai point de chapelle à vous offrir, parce que je viens de l'abattre pour en construire une plus belle; mais il est possible de s'en passer; et ma cour, qui est grande, commode, sera précisément ce qu'il faut pour que vous fassiez cette nuit la veille des armes. Demain matin, nous remplirons les autres cérémonies; après quoi vous serez chevalier, et tout aussi bon chevalier qu'il y en ait jamais eu au monde. Répondez-moi d'abord sur un point qui ne laisse pas de m'intéresser : avez-vous de l'argent? »

« Non, répondit don Quichotte; je n'ai jamais lu qu'aucun chevalier se fût muni de ce vil métal. — Vous êtes dans l'erreur, reprit l'aubergiste; si les historiens n'en parlent pas, c'est qu'ils ont pensé qu'il allait sans dire que les chevaliers ne marchaient jamais sans une chose aussi nécessaire que de l'argent. Je puis vous assurer qu'ils portaient tous une bourse bien garnie, des chemises blanches, et une petite boîte d'onguent pour les blessures qu'ils pouvaient recevoir. Vous sentez bien qu'ils n'étaient pas toujours sûrs, après un combat terrible, de voir arriver sur un nuage une demoiselle ou un nain qui vînt leur faire boire de ces eaux divines dont une seule goutte guérissait leurs plaies. Pour plus grande précaution, ils chargeaient leurs écuyers d'avoir avec eux de la charpie, de l'onguent et de l'argent. Quand ils n'avaient point d'écuyer, ce qui était rare, à la vérité, ces messieurs portaient leur provision dans un petit portemanteau, qui ne paraissait presque point, sur la croupe du cheval, et qui n'était permis que pour ce seul cas. Ainsi, je vous ordonne, comme à mon fils en chevalerie, de ne jamais voyager sans argent; vous verrez que vous et les autres s'en trouveront à merveille. »

Don Quichotte promit de n'y pas manquer. Pressé de commencer la veille des armes, il alla chercher les siennes, qu'il vint porter au milieu de la cour sur une auge, près du puits. Il prit seulement son écu, sa lance, et se mit à se promener en long et en large devant l'auge. La lune, au plus haut de son cours, brillait dans un ciel sans nuage. Les habitants de l'auberge, à qui l'hôte avait raconté les folies du chevalier, vinrent le contempler de loin. Don Quichotte, sans y prendre garde, continuait sa promenade, s'appuyait de temps en temps sur sa lance, et regardait fixement les armes, affectant toujours une contenance aussi tranquille que fière.

Il arriva qu'un des muletiers logés dans l'hôtellerie voulut donner à boire à ses mulets, et s'en vint pour débarrasser l'auge. Don Quichotte, le voyant approcher, lui cria d'une voix terrible : « Qui que tu sois, présomptueux chevalier, tremble de toucher à ces armes : elles appartiennent au plus vaillant de tous ceux qui ont ceint l'épée; ta mort expierait ton audace. » Le malheureux muletier, écoutant peu le héros, prit les armes, et les jeta loin de lui. Don Quichotte alors, levant les yeux au ciel et s'adressant à Dulcinée : « O dame de mon cœur, s'écria-t-il, n'abandonnez pas dans ce premier danger le chevalier votre esclave, et que votre intérêt pour lui vienne redoubler sa valeur! » En disant ces mots, il jette son bouclier, saisit sa lance à deux mains, et la fait tomber avec tant de force sur la tête du muletier, qu'il l'étend par terre sans mouvement. Cela fait, il va relever ses armes, les remet froidement sur l'auge, et recommence à se promener.

L'instant d'après, un autre muletier, ignorant ce qui venait d'arriver à son confrère, qui restait là tout étourdi, voulut de même abreuver ses mulets, et retira les armes de dessus l'auge. Cette fois-ci, don Quichotte, sans lui dire une parole et sans invoquer Dulcinée, lève sa lance et la lui casse sur la tête, qu'il ouvre en trois ou quatre endroits. L'aubergiste et tous les gens de la maison accourent vers le chevalier, qui, se couvrant de son écu, s'écrie : « O dame de beauté, soutien et force de mon âme, animez-moi d'un de vos regards dans cette terrible aventure! »

Cela dit, il se sentit tant de courage, que tous les muletiers de l'univers ne l'auraient pas fait reculer d'un pas. Les camarades des blessés commencèrent à prendre des pierres, qu'ils firent pleuvoir sur notre héros. Celui-ci s'en garantissait de son mieux avec son bouclier, et ne s'éloignait pas de l'auge. L'aubergiste se tuait de crier que c'était un fou; qu'il les avait avertis; qu'ils n'y gagneraient que des coups. Don Quichotte criait plus fort qu'ils étaient tous des lâches, des traîtres; que le seigneur châtelain était lui-même un chevalier félon, puisqu'il souffrait chez lui des trahisons pareilles; qu'il saurait bien l'en punir aussitôt qu'il aurait reçu l'ordre de chevalerie. « Mais vous autres, ajoutait-il, indigne et vile canaille, venez, approchez, attaquez; vous aurez le prix de votre insolence. »

Il prononçait ces paroles d'un air si ferme, si résolu, que les muletiers, effrayés, finirent par suivre le conseil de l'hôte. Ils cessèrent de jeter des pierres, emportèrent les blessés; et don Quichotte reprit sa promenade aussi tranquillement qu'auparavant. L'aubergiste, qui commençait à ne plus rire des plaisanteries du héros, résolut de les faire finir en lui conférant le plus tôt possible ce malheureux ordre de chevalerie. Il vint lui demander excuse de la grossièreté de ces rustres qu'il avait si bien châtiés, l'assurant que tout s'était passé à son insu, et ajouta qu'au surplus, ayant satisfait à l'obligation de la veille des armes, qui n'exigeait que deux heures, il pouvait, au défaut de la chapelle, recevoir dans tout autre lieu l'accolade et le coup de plat d'épée sur le dos, seules choses nécessaires, suivant les rites de l'ordre.

Don Quichotte le crut aisément, le supplia de se dépêcher, parce qu'une fois armé chevalier, son dessein, si l'on venait encore le provoquer, était de ne laisser personne en vie dans le château. Le châtelain n'en fut que plus pressé d'aller chercher le livre où il écrivait ses rations de paille, et, suivi d'un petit garçon qui portait un bout de chandelle, et des deux demoiselles dont j'ai parlé, il revint trouver don Quichotte, qu'il fit mettre à genoux devant lui. Marmottant alors dans son livre, comme s'il eût dit quelque oraison, il leva sa main, la fit tomber assez rudement sur le cou de don Quichotte, et, sans s'interrompre, le frappa de même avec le plat

Paris. — Typ. Ch. Unsinger.

Marmottant alors dans son livre, comme s'il eût dit quelque oraison...

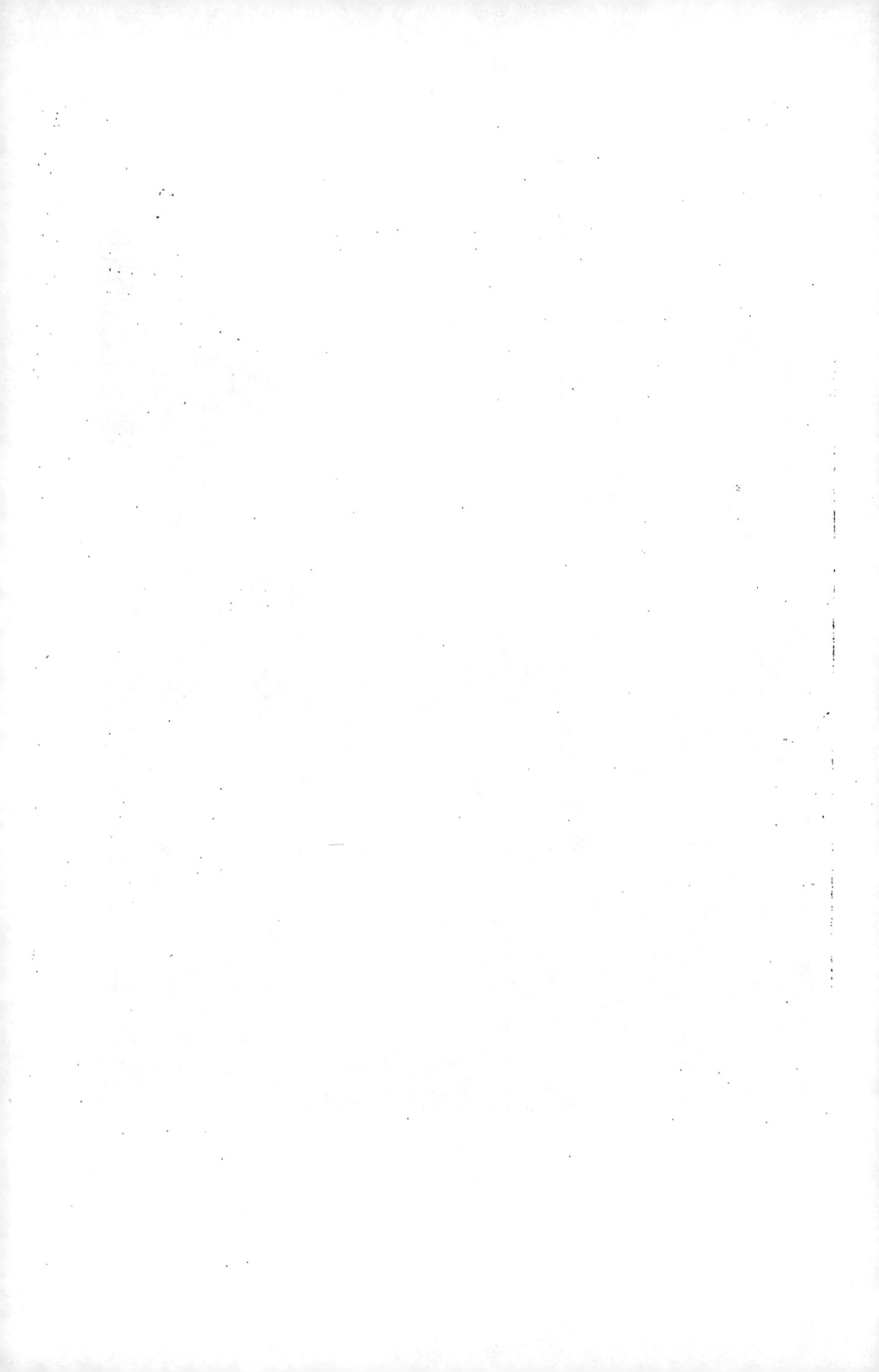

de son épée. L'une de ces dames, qui avait besoin, pour ne pas rire, de se rappeler les prouesses du chevalier, lui ceignit l'épée; l'autre lui chaussa l'éperon. Don Quichotte, reconnaissant, voulut savoir comment elles se nommaient, afin de les faire jouir d'une portion de sa gloire. Les modestes demoiselles lui avouèrent que l'une d'elles était fille d'une ravaudeuse de Tolède, et s'appelait *la Tolosa;* que l'autre, étant la fille d'un meunier, n'avait pas d'autre nom que *la Meunière;* qu'au surplus partout où il les rencontrerait elles seraient à son service. Don Quichotte leur rendit grâces, et les pria de vouloir bien prendre le *don* pour l'amour de lui, et de s'appeler désormais *doña Tolosa* et *doña Meunière.*

Toutes les cérémonies achevées, notre nouveau chevalier, qui brûlait d'aller chercher les aventures, courut seller Rossinante, monta dessus, et, tout à cheval, vint embrasser l'aubergiste, en le remerciant de la faveur qu'il avait reçue de lui dans des termes si extraordinaires, qu'il me serait impossible de les rapporter. L'hôte, qui désirait fort de s'en voir défait, répondit plus brièvement, mais dans le même langage, et, sans rien lui demander de sa dépense, le vit partir avec grande joie.

CHAPITRE IV

DE CE QUI ADVINT A NOTRE CHEVALIER AU SORTIR DE L'HOTELLERIE

'AUBE commençait à poindre lorsque don Quichotte se remit en route, si charmé, si transporté de se voir enfin armé chevalier, qu'il en tressaillait sur son cheval. D'après les conseils de l'aubergiste, il résolut de retourner chez lui pour se pourvoir d'argent, de chemises, et se donner un écuyer. Il jetait déjà les yeux sur un laboureur de ses voisins, pauvre et père de famille, mais qu'il jugeait d'avance très propre au métier d'écuyer errant. Dans cette pensée, il reprit le chemin du village; et Rossinante, qui semblait deviner son intention, se mit à marcher si légèrement qu'à peine ses pieds effleuraient la terre.

Il n'avait pas fait deux milles, que don Quichotte vit venir une troupe de gens à cheval. C'étaient, comme on l'a su depuis, des négociants de Tolède, allant acheter de la soie à Murcie. Ils étaient six avec des parasols, suivis de quatre valets montés et de trois garçons de mule à pied. Don Quichotte ne douta point que ce ne fût une grande aventure; et sa mémoire lui fournit sur-le-champ le parti qu'il en pouvait trouver.

Il va se placer au milieu du chemin, prend une contenance fière, s'affermit sur ses étriers, prépare sa lance, et serre son écu; et quand il voit approcher cette troupe de chevaliers errants, car ces voyageurs ne pouvaient pas être autre chose, il leur crie d'une voix tonnante : « Arrêtez tous, et confessez qu'aucune beauté de la terre n'égale l'impératrice de la Manche, la sans-pareille Dulcinée du Toboso. » A ces paroles, à cette étrange figure, les marchands, surpris, s'arrêtèrent; mais, jugeant bientôt que c'était un fou, l'un d'eux, plaisant et spirituel, voulut s'amuser de cette rencontre : « Seigneur chevalier, dit-il, aucun de nous ne connaît la dame dont vous parlez. Ayez la bonté de nous la faire voir; si elle est aussi belle que vous le dites, nous en conviendrons de tout notre cœur. — Vraiment? reprit don Quichotte; si vous la voyiez, où serait le mérite de la trouver belle? L'important, c'est que, sans l'avoir vue, vous en soyez sûrs, le disiez, l'affirmiez, le juriez et le souteniez; sinon, préparez-vous au combat, race orgueilleuse et superbe, soit un à un, selon les lois de la noble chevalerie, soit tous ensemble, suivant l'usage des hommes de votre espèce : mon bras seul suffit à ma cause. — Daignez m'écouter, reprit le marchand; au nom de tout ce que nous sommes ici de princes, j'ose vous prier de mettre en repos notre conscience, en ne nous forçant pas d'assurer une chose dont nous ne sommes rien moins que certains, qui d'ailleurs compromettrait les autres reines ou impératrices de l'Alcarrie et de l'Estrémadure. Que Votre Seigneurie ait la complaisance de nous montrer seulement un portrait de cette dame; si petit qu'il soit, il nous suffira pour la juger. Nous sommes même déjà tellement prévenus pour elle, que, quand elle serait louche, borgne, boiteuse, bossue, nous n'en dirons pas moins ce qu'il vous plaira. — Elle n'est ni louche ni borgne, canaille infâme! s'écrie don Quichotte, enflammé de colère; ses yeux sont plus beaux, plus brillants que le flambeau de l'univers; sa taille est plus fine, plus droite qu'un fuseau de Guadarrama. Vous allez payer tout à l'heure votre insolence et vos blasphèmes. »

A ces mots il court, la lance baissée, contre le blasphémateur; et, si son cheval n'eût fait un faux pas, le railleur s'en fût mal trouvé. Rossinante à bas, son maître par terre, embarrassé de son écu, de sa lance, de ses éperons, ne put jamais se relever. Au milieu de ses vains efforts, il criait toujours : « Ne fuyez pas, lâches : c'est la faute de mon cheval; sans lui vous seriez châtiés! » Un valet de mule, qui n'était point plaisant, s'ennuya de ses injures. Il s'approcha du chevalier démonté, prit sa lance, qu'il rompit en pièces, et, s'armant d'un des morceaux, répondit à coups de bâton aux menaces furieuses de don Quichotte. Ses maîtres lui criaient en vain de ne pas frapper si fort, le jeune homme y prenait goût, et ne voulut cesser le jeu qu'après avoir usé l'un après l'autre tous les débris de la lance. Enfin il rejoignit la troupe, qui continua son chemin. Notre héros, demeuré seul, voulut encore essayer de se remettre sur ses pieds; mais la chose n'était pas devenue plus facile depuis cette grêle de coups; il resta dans la même place, s'estimant pourtant fort heureux de ce qu'une disgrâce commune à tant de chevaliers errants ne lui était arrivée que par la faute de son coursier.

CHAPITRE V

SUITE DU MALHEUR DE NOTRE HÉROS

EUREUSEMENT, un laboureur de son village, qui venait de porter du blé au moulin, passa sur la route, et, s'approchant de cet homme, qui semblait se plaindre, lui demanda quel mal il avait. Don Quichotte, encore étourdi, ne prononça que des mots inintelligibles. Le laboureur lui détacha sa visière à demi brisée, nettoya son visage couvert de poudre, et, le regardant avec attention, ne tarda pas à le reconnaître. « Quoi! c'est vous, dit-il, seigneur Quixada! Qui a pu mettre Votre Seigneurie dans cet état! » A toutes ces questions, point de réponse. Le bon laboureur s'occupa de lui ôter sa cuirasse, pour voir s'il n'était point blessé. Il ne vit de sang nulle part. Alors il le releva, le soutint, et, non sans peine, parvint à le mettre sur son âne, afin qu'il fût moins secoué dans la route. Ensuite il ramassa ses armes, jusqu'aux morceaux de la lance, les attacha sur Rossinante, prit sa bride d'une main, le licou de l'âne de l'autre, et se mit en route.

Le jour finissait lorsque nos voyageurs arrivèrent au village. Le laboureur conduisit don Quichotte à sa maison, où son absence avait répandu le trouble : ses bons amis le curé, le barbier du lieu, étaient chez lui dans ce moment. La gouvernante criait de toutes ses forces : « Qu'en dites-vous, monsieur le licencié Pero Perez? (C'était le nom du curé.) Voilà pourtant six jours entiers que mon maître ne paraît pas. Nous ne trouvons ni son cheval, ni sa rondache, ni ses armes. Ah! malheureuse que je suis! Je vous le dis, monsieur le curé, qu'il n'y ait jamais de paradis pour moi si ces maudits livres de chevalerie ne lui ont brouillé la cervelle! Je me souviens bien à présent de l'avoir entendu dire, en parlant tout seul, qu'il voulait se faire chevalier errant et aller chercher les aventures. Que Satan et Barabbas puissent emporter tous ces livres qui ont gâté la meilleure tête de la Manche! — Ah! maître Nicolas, reprenait la nièce en s'adressant au barbier, il faut que vous sachiez que mon oncle, qui passait quelquefois deux jours et deux nuits de suite à lire ces malheureux livres, se levait souvent en fureur, prenait son épée et frappait les murailles. Ensuite, quand il était las, il disait qu'il avait tué quatre géants plus hauts que des tours; il buvait un grand verre d'eau, qu'il prétendait être un breuvage admirable, que son ami l'enchanteur Esquif lui avait donné pour guérir ses blessures. Je me repens bien, maître Nicolas, de ne pas vous avoir averti; vous auriez pu sauver mon oncle en brûlant tous ces excommuniés de livres, qui méritent d'être mis au feu comme des hérétiques qu'ils sont. — Je suis de votre avis, répondait le curé, nous nous sommes trop endormis sur le danger de ces livres. »

Ils en étaient là quand le laboureur qui conduisait don Quichotte frappa à la porte. Tout le monde courut; et les uns reconnaissant leur ami, l'autre son maître, l'autre son oncle, ils se pressent d'embrasser don Quichotte, qui ne pouvait descendre de dessus son âne. « Arrêtez, leur dit le héros; je suis blessé, grièvement blessé par la faute de mon cheval. Il faut me porter dans mon lit, et faire venir, s'il est possible, la sage Urgande, afin qu'elle visite mes plaies. — L'entendez-vous? cria la gouvernante; ne l'avais-je pas deviné? Venez, venez avec nous, monsieur; nous saurons bien vous guérir sans que cette Urgande s'en mêle. Ah! maudits soient encore une fois ces chiens de livres qui vous ont mis dans ce bel état! »

On porta don Quichotte au lit; et, comme, en cherchant ses blessures, on paraissait surpris de n'en point trouver : « Je ne suis que froissé, dit-il, parce que je suis tombé avec mon cheval en combattant dix géants les plus terribles qu'on puisse voir. — Ah! ah! reprit le curé, il y a des géants dans l'affaire; demain, sans plus de retard, les livres seront brûlés. »

On fit à don Quichotte d'autres questions, auxquelles il ne répondait qu'en demandant à manger et à dormir. On lui obéit; et pendant ce temps le laboureur raconta comment il avait trouvé le pauvre chevalier. Cet entretien confirma le curé dans la résolution qu'il avait prise. Le lendemain, de bonne heure, il alla chercher son ami maître Nicolas le barbier, et se rendit avec lui à la maison de don Quichotte.

CHAPITRE VI

E lendemain, don Quichotte s'éveilla en criant à pleine tête : « A moi! à moi! c'est ici qu'il faut montrer ce que peut votre courage; les courtisans remportent le prix du tournoi. » Tout le monde se pressa d'accourir. Don Quichotte était réveillé, debout, l'épée à la main, criant toujours de plus belle, et donnant de grands coups à droite et à gauche. On parvint à s'emparer de lui, à le remettre sur son lit. Notre héros, se tournant alors vers le curé : « Certes, dit-il, seigneur archevêque Turpin, c'est une assez grande honte que tout ce que nous sommes ici des douze pairs abandonnions lâchement aux chevaliers de la cour le prix du tournoi, qui depuis trois soleils ne s'est soutenu que par notre vaillance. — Que voulez-vous, mon cher voisin, répondit le curé, il faut se soumettre : Dieu permettra peut-être que la chance tourne; et ce qui se perd aujourd'hui peut se regagner demain. Ne pensons qu'à votre santé; vous êtes sûrement fort las, peut-être même blessé. — Blessé? non, reprit don Quichotte, à la vérité un peu moulu, parce que ce bâtard de Roland, furieux de ce que j'étais le seul qui lui disputait la victoire, m'a frappé longtemps avec un tronc de chêne. Mais je consens à perdre mon nom de Renaud de Montauban si, dès que je serai debout, il ne me le paye bien cher, malgré ses enchantements. Pour l'heure, je n'ai besoin que de manger. » On lui servit à dîner; il se rendormit aussitôt.

Deux jours après, don Quichotte put se lever. Pendant les quinze jours suivants, il parut tranquille et ne laissa pas soupçonner qu'il s'occupât d'une nouvelle campagne. Seulement, dans les fréquents entretiens qu'il avait avec le curé et le barbier, il insistait toujours sur l'utilité de la chevalerie errante et sur son projet de la faire revivre. Le curé disputait quelquefois; le plus souvent il cédait, afin de ne pas se brouiller. Il ignorait que, pendant ce temps, don Quichotte sollicitait en secret de le suivre, en qualité d'écuyer, un laboureur de ses voisins, homme de bien, si le pauvre peut se nommer ainsi, mais dont la tête n'avait pas beaucoup de cervelle. Parmi beaucoup de promesses que notre héros fit à cet homme, il lui répétait toujours que dans ce beau métier d'écuyer errant rien n'était plus ordinaire que de gagner en un tour de main le gouvernement d'une île. Le crédule laboureur, qui s'appelait Sancho Pança, fut surtout séduit par cette espérance, et résolut de quitter et ses enfants et sa femme pour courir après ce gouvernement. Don Quichotte, sûr d'un écuyer, s'occupa de ramasser un peu d'argent, vendit une pièce de terre, engagea l'autre, perdit sur toutes, et parvint à se faire une somme assez raisonnable. Il emprunta d'un de ses amis une rondache meilleure que la sienne, raccommoda de nouveau son casque, se pourvut de chemises, suivant le conseil de l'aubergiste, et convint avec Sancho du jour et de l'heure où ils partiraient. Il lui recommanda surtout de se munir d'un bissac. Sancho promit de ne pas l'oublier, et ajouta que, n'étant pas accoutumé à faire

beaucoup de chemin à pied, il avait envie d'emmener son âne, qui était une excellente bête. Le nom d'âne fit quelque peine à don Quichotte; il ne se rappelait point qu'aucun écuyer célèbre eût suivi son maître de cette manière. Mais, faisant réflexion qu'il donnerait à Sancho le cheval du premier chevalier vaincu, il ne vit point d'inconvénient à le laisser venir sur son âne.

Tous leurs arrangements faits, une belle nuit, don Quichotte et son écuyer, sans prendre congé de personne, partirent et marchèrent si bien, qu'au point du jour ils ne craignaient plus de pouvoir être rattrapés. Le bon Sancho, sur son âne, entre son bissac et sa grosse gourde, allait comme un patriarche, impatient déjà de voir arriver cette île dont il devait être gouverneur. Don Quichotte, rempli d'espoir, l'air fier et la tête haute, s'avançait sur le maigre Rossinante. Sancho, pressé de parler, commença la conversation.

« Monsieur mon maître, dit-il, je supplie votre chevalerie errante de ne pas perdre de vue cette île qu'elle m'a promise. Je puis vous répondre que celle-là, quelque grande qu'elle soit, ne sera point mal gouvernée. — Ami Sancho, répondit don Quichotte, de tout temps les chevaliers ont eu pour coutume de donner à leurs écuyers les îles ou les royaumes dont leur valeur les rend maîtres : tu sens bien que je ne voudrais pas déroger à ce noble usage. Je ferai mieux : la plupart des chevaliers dont je te parle attendaient que leurs écuyers fussent vieux pour récompenser leurs services, en leur donnant soit un comté, soit un marquisat, qui n'était souvent qu'une méchante province; mais moi, si Dieu nous laisse vivre, je pourrais bien, avant six jours, conquérir un si grand empire, qu'un des royaumes qui en dépendront sera justement ton affaire. Ne regarde pas cet événement comme difficile ou extraordinaire; dans le métier que nous faisons rien n'est plus simple et plus commun. — Cela étant, reprit Sancho, une fois que je serais roi, Jeanne Guttierès, ma femme, serait donc reine, et mes petits drôles infants? — Qui en doute? — Moi, j'en doute, parce que je connais ma femme, et je vous assure qu'il pleuvrait des couronnes, qu'aucune ne pourrait bien aller à sa tête. Je vous en préviens d'avance, elle ne vaut pas deux maravédis pour être reine : comtesse, je ne dis pas non; encore nous y aurions du mal. — Ne t'en inquiète pas, mon ami; Dieu saura lui donner ce qu'il lui faut. Quant à toi, ne va pas être si modeste que de te contenter à moins d'un bon gouvernement. — Oh! que Votre Seigneurie soit tranquille; je m'en rapporterai là-dessus à vous seul. Un maître aussi puissant et aussi bon saura bien ce qui me convient. »

CHAPITRE VII

COMMENT DON QUICHOTTE MIT FIN A L'ÉPOUVANTABLE AVENTURE DES MOULINS A VENT

ANS ce moment, don Quichotte aperçut trente ou quarante moulins à vent; et, regardant son écuyer : « Ami, dit-il, la fortune vient au-devant de nos souhaits. Vois-tu là-bas ces géants terribles? Ils sont plus de trente; n'importe, je vais attaquer ces fiers ennemis de Dieu et des hommes. Leurs dépouilles commenceront à nous enrichir. — Quels géants? répondit Sancho. — Ceux que tu vois avec ces grands bras qui ont peut-être deux lieues de long. — Mais, monsieur, prenez-y garde; ce sont des moulins à vent, et ce qui vous semble des bras n'est autre chose que leurs ailes. — Ah! mon pauvre ami, l'on voit bien que tu n'es pas encore expert en aventures. Ce sont des géants, je m'y connais. Si tu as peur, éloigne-toi; va quelque part te mettre en prière, tandis que j'entreprendrai cet inégal et dangereux combat. »

En disant ces paroles, il pique des deux, sans écouter le pauvre Sancho, qui se tuait de lui crier que ce n'étaient point des géants, mais des moulins, sans se désabuser davantage à mesure qu'il en approchait. « Attendez-moi, disait-il, attendez-moi, lâches brigands; un seul chevalier vous attaque. » A l'instant même un peu de vent s'éleva, et les ailes se mirent à tourner. « Oh! vous avez beau faire, ajouta don Quichotte; quand vous remueriez plus de bras que le géant Briarée, vous n'en serez pas moins punis. » Il dit, embrasse son écu, et, se recommandant à Dulcinée, tombe, la lance en arrêt, sur l'aile du premier moulin, qui l'enlève lui et son cheval, et les jette à vingt pas l'un de l'autre. Sancho se pressait d'accourir au plus grand trot de son âne. Il eut de la peine à relever son maître, tant la chute avait été lourde. « Eh! Dieu me soit en aide! dit-il, je vous crie depuis une heure que ce sont des moulins à vent. Il faut en avoir d'autres dans la tête pour ne pas le voir tout de suite. — Paix! paix! répondit le héros; c'est dans le métier de la guerre que l'on se voit le plus dépendant des caprices de la fortune, surtout lorsqu'on a pour ennemi ce redoutable enchanteur Freston. Je vois bien ce qu'il vient de faire : il a changé les géants en moulins pour me dérober la gloire de les vaincre. Patience! il faudra bien à la fin que mon épée triomphe de sa malice. — Dieu le veuille! » répondit Sancho en le remettant debout, et courant en faire autant de Rossinante, dont l'épaule était à demi déboîtée.

Notre héros, remonté sur sa bête, suivit le chemin du port Lapice, ne doutant pas qu'un lieu aussi passant ne fût fertile en aventures. Il regrettait beaucoup sa lance, que l'aile du moulin avait brisée. « Mon ami, dit-il à Sancho, je me souviens d'avoir lu qu'un chevalier espagnol, appelé Perez de Vargas, ayant rompu son épée dans une bataille, arracha une branche ou un tronc de chêne, avec lequel il tua tant de Mores, qu'on le surnomma l'Assommeur. Je veux imiter Perez de Vargas. Au premier chêne que je rencontrerai, je vais me tailler une massue; et cette arme me suffira pour faire de tels exploits, que jamais personne ne pourra les croire. — Ainsi soit-il! répondit Sancho; mais redressez-vous un peu, car vous allez tout de côté. — Je t'avoue que je me ressens de ma chute; et si je ne me plains pas, c'est qu'il est défendu aux chevaliers errants de se plaindre, quand même ils auraient l'estomac ouvert. — Diable! si c'est défendu de même aux écuyers, je ne sais trop comment je ferai, car je vous préviens qu'à la moindre égratignure je crie comme si on m'écorchait. Mais vous ne pensez pas, monsieur, qu'il est temps de dîner. » Don Quichotte lui répondit qu'il n'avait besoin de rien, et qu'il pouvait manger s'il voulait. Avec cette permission, Sancho s'arrangea sur son âne, tira les provisions du bissac, et, trouvant dans ce moment que rien n'était si agréable que de chercher les aventures, sans songer aux promesses de son maître, il allait cheminant derrière lui, doublant les morceaux, et haussant la gourde avec tant d'appétit, avec tant de plaisir, qu'il aurait donné de l'envie au plus gourmet buveur de malaga.

La nuit vint; nos aventuriers la passèrent sous des arbres. Don Quichotte choisit une forte branche, à laquelle il mit le fer de sa lance. Il se garda bien de fermer les yeux, et ne pensa qu'à Dulcinée, pour imiter ces chevaliers qui, dans les forêts et les déserts, n'employaient le temps du sommeil qu'à s'occuper de leurs dames. Sancho ne fit qu'un somme jusqu'au matin;

Paris. — Typ. Ch. Unsinger.

Eh ! Dieu me soit en aide ! dit-il, je vous crie depuis une heure que ce sont des moulins à vent.

et les rayons du soleil levant, qui lui donnaient sur le visage, non plus que le gazouillement des oiseaux à l'arrivée du jour, ne l'auraient pas réveillé si son maître ne l'eût appelé. En ouvrant les yeux il prit sa bouteille, qu'il s'affligea de trouver plus légère que la veille. Notre héros, qui ne voulait vivre que de ses tendres pensées, refusa de déjeuner. Tous deux se mirent en route, et, après trois heures de marche, découvrirent le port Lapice.

« Pour le coup, s'écria don Quichotte, nous pouvons ici, mon frère Sancho, enfoncer nos bras jusqu'aux coudes dans ce qu'on appelle *aventures*. Mais souviens-toi, sur toutes choses, de l'important avis que je vais te donner. Quand bien même tu me verrais dans le danger le plus terrible, garde-toi de mettre l'épée à la main, et de t'y précipiter : il ne t'est permis de combattre que dans le cas où ceux qui m'attaqueraient seraient de la populace. Lorsque ce sont des chevaliers, il t'est défendu par nos lois de t'en mêler en aucune manière. — Soyez tranquille, répondit Sancho, jamais aucun de vos ordres ne sera mieux exécuté que celui-là. Naturelle-ment je suis pacifique, ennemi du bruit, des querelles. Cependant, si l'on en veut à ma personne, je me défendrai de mon mieux, sans me soucier d'aucune loi. — Tu feras bien; ce que je t'en dis n'est que pour retenir le premier mouvement et l'impétuosité de ta valeur naturelle. — Oh! monsieur, je la retiendrai. Vous pouvez être bien certain que je garderai ce précepte aussi religieusement que celui de ne rien faire le dimanche. »

Comme il parlait, don Quichotte aperçut deux religieux bénédictins montés sur deux grandes mules, qui lui parurent des dromadaires. Chacun avait son parasol et ses lunettes de voyage. Derrière eux venaient leurs valets à pied; plus loin, un carrosse entouré de quatre ou cinq hommes à cheval. Dans ce carrosse était une dame de Biscaye, qui s'en allait à Séville rejoindre son mari prêt à passer aux Indes. Les deux religieux ne voyageaient pas avec cette dame; mais ils suivaient la même route. Dès que don Quichotte les découvrit : « Ou je me trompe, dit-il à son écuyer, ou je t'annonce une aventure telle qu'on n'en a point encore vu. Ces figures noires que tu vois venir à nous ne peuvent être que deux enchanteurs, qui ont sûrement enlevé quelque princesse et l'emmènent dans ce carrosse. Tu sens, mon ami, que je ne puis passer cela. — Monsieur, répondit Sancho, regardez-y bien, je vous prie; que le diable ne vous tente pas. Ceci serait plus sérieux que l'histoire des moulins à vent. J'ai beau regarder, je ne vois que deux moines et une dame qui voyage. — Je t'ai déjà dit, reprit don Quichotte, que tu ne t'entends point du tout en aventures; je vais te prouver tout à l'heure que ce que je soupçonne est vrai. »

A ces mots, il pousse Rossinante, arrive auprès des bénédictins : « Satellites du diable! leur crie-t-il, rendez sur-le-champ la liberté à ces hautes princesses que vous avez enlevées, ou

préparez-vous à recevoir le châtiment de votre audace. » Les moines, surpris, arrêtent leurs
mules. « Seigneur chevalier, répond l'un d'eux, bien loin d'être ce que vous dites, nous sommes
deux religieux de Saint-Benoît, qui voyagent pour leurs affaires. Vous pouvez compter que
nous ignorons si les personnes qui viennent dans ce carrosse sont des princesses enlevées...
— On ne m'abuse point, interrompt don Quichotte, avec de douces paroles : je vous connais trop,
canaille maudite. » Il court aussitôt la lance baissée contre un des pauvres religieux, qui n'eut
que le temps de se jeter en bas de sa mule. Son compagnon, effrayé, pique la sienne le mieux
qu'il peut, et s'échappe dans la campagne. Sancho, voyant le moine par terre, descendit promptement de son âne, saisit le bénédictin, et commence à le dépouiller. Mais les deux valets
arrivèrent, et demandèrent à Sancho pour quelle raison il déshabillait le père. « Pardieu !
répondit l'écuyer, je ne prends que ce qui m'appartient. Monseigneur don Quichotte a gagné la
bataille ; il est clair que les dépouilles des vaincus sont à moi. » Les valets, qui n'entendaient
pas bien les lois de la chevalerie, tombent sur Sancho, le jettent par terre, et ne lui laissent pas
un poil de la barbe. Ensuite il vont relever le moine, le remettent sur sa mule ; et celui-ci,
tremblant de peur, se hâte de rejoindre son compagnon, qui, arrêté au milieu des champs,
regardait ce qui se passait. Tous deux alors, sans se soucier d'attendre la fin de cette aventure,
poursuivirent bien vite leur route, en faisant des signes de croix.

Don Quichotte, pendant ce temps, s'était pressé de joindre le carrosse ; et, s'approchant de
la portière : « Madame, dit-il, votre beauté peut aller où bon lui semble : ce bras vient de vous
délivrer et de punir vos ennemis. Vous désirez sans doute connaître le nom de votre libérateur :
apprenez donc que je suis don Quichotte de la Manche, chevalier errant, et l'esclave de la belle
Dulcinée du Toboso. Je ne vous demande, pour prix de ce que je viens de faire, que de vous
donner la peine d'aller jusqu'au Toboso, de vous présenter devant cette illustre dame, et de lui
dire comment je vous ai rendu la liberté. »

Ce beau discours était écouté par un cavalier biscaïen qui accompagnait le carrosse. Il n'y
comprenait pas grand'chose ; mais, voyant que notre héros s'opposait à ce que la voiture conti-
nuât sa route, et voulait absolument la faire retourner du côté du Toboso, il s'approcha de don
Quichotte, qu'il tira rudement par sa lance, et lui dit en mauvais espagnol de son pays : « Va-t'en,
cavélier que mal vas ; par le Dieu qui me créé, si toi ne pas laisser le carrosse, moi te tuer,
comme suis Biscaïen. — Malheureux ! répond le héros, si tu étais chevalier, j'aurais déjà châtié
ton audace. — Moi, non cavélier ! reprit l'autre ; moi, Biscaïen, gentilhomme per terre, per mer,
per le diable : toi mentir ; tire ton épée. »

A ces paroles, don Quichotte jette sa lance, prend son glaive, et, couvert de son écu, se

JULES DAVID

Paris. — Typ. Ch. Unsinger.

A ces paroles, Don Quichotte se précipita sur son ennemi.

précipite sur son ennemi. Le Biscaïen, qui le vit venir, aurait voulu mettre pied à terre, ne se fiant pas beaucoup à sa mule de louage; mais il n'en eut pas le temps. Tout ce qu'il put faire fut de mettre l'épée à la main, et de saisir promptement un coussin de la voiture pour lui servir de bouclier. Toutes les personnes qui les entouraient voulurent en vain s'opposer au combat. Le Biscaïen, dans son jargon, jurait de tuer quiconque ne le laisserait pas faire; et la dame du carrosse, qui, dans sa frayeur, avait fait signe au cocher de s'éloigner, regardait de loin en tremblant les deux terribles adversaires.

Les deux vaillants champions, levant à la fois leurs redoutables glaives, semblaient menacer le ciel et la terre. Celui qui frappa le premier fut l'irrité Biscaïen, dont heureusement l'épée tourna et n'atteignit point du tranchant. Sans cela, ce coup finissait et le combat et les aventures de notre héros; mais la fortune, qui le réservait pour de plus grandes entreprises, fit que le fer du Biscaïen, en descendant sur l'épaule, emporta seulement tout ce côté de l'armure, une portion du casque, et la moitié de l'oreille. O Dieu puissant! qui pourrait exprimer la colère de don Quichotte! Il se relève sur ses étriers, saisit son épée à deux mains, et la fait tomber comme une montagne sur la tête de son ennemi. Malgré le coussin qui la défendait, le coup fut si fort, si terrible, que le sang coula dans l'instant par la bouche et par les narines du malheureux Biscaïen. Il était par terre s'il n'eût embrassé le cou de sa mule. La mule, effrayée, se met à courir, saute, rue, et jette son maître. Don Quichotte, à pied, vole à lui, lève son épée, et lui crie de se rendre, ou qu'il va lui couper la tête. Le Biscaïen était si étourdi, qu'il ne pouvait pas répondre. Notre héros, dans sa fureur, ne l'aurait pas épargné; mais les dames du carrosse, jusqu'alors tremblantes spectatrices du combat, accoururent auprès du vainqueur pour lui demander en grâce de ne pas tuer leur écuyer. Don Quichotte répondit avec une gravité fière : « Illustres princesses, je consens à ce que vous désirez, et je n'y mets qu'une condition; c'est que ce chevalier ne manquera point d'aller jusqu'au Toboso se présenter de ma part à la belle doña Dulcinée, pour qu'elle ordonne de son sort. » Les pauvres dames, sans demander ce que c'était que cette Dulcinée, promirent tout au nom du Biscaïen; et don Quichotte, content, laissa la vie au vaincu.

CHAPITRE VIII

ANCHO, à peine échappé aux valets des bénédictins, était resté témoin du combat, en priant Dieu pour don Quichotte. Le voyant vainqueur et prêt à remonter sur Rossinante, il accourut promptement se mettre à genoux devant lui, prit sa main, la baisa, et d'une voix respectueuse : « Mon bon maître, lui dit-il, si Votre Seigneurie avait pour agréable de me faire présent de l'île que vous venez de gagner, vous pouvez être certain que je la gouvernerai de manière à vous rendre satisfait. — Mon pauvre ami, répondit don Quichotte, ce ne sont point ici des aventures d'îles, ce sont de simples rencontres, où tous les profits se bornent souvent à revenir avec la tête cassée ou une oreille de moins. Prends patience; une autre occasion te vaudra le gouvernement. » Sancho le remercia, lui baisa la main; et, après l'avoir aidé à remonter sur Rossinante, il le suivit au trot de son âne.

Notre héros, à peu de distance, quitta le grand chemin pour entrer dans un bois. « Écoutez, lui dit l'écuyer, je pense qu'il serait prudent de nous retirer dans quelque église. Vous avez laissé bien malade celui que vous avez combattu; si la Sainte-Hermandad en a connaissance, elle commencera par nous conduire en prison. Une fois là, Dieu sait quand on en sort. — Eh! où as-tu vu, reprend Don Quichotte, où as-tu jamais lu qu'un chevalier errant ait été mis en justice pour avoir envoyé ses ennemis dans le Tartare? — Monsieur, je ne connais pas le Tartare, mais je connais la prison, et je sais que la Sainte-Hermandad y envoie ceux qui se battent en duel. — Ne crains rien, ami, ne crains rien : si l'Hermandad m'attaquait, c'est moi qui la ferais captive. Mais réponds sans flatterie; as-tu vu sur la terre habitable un chevalier plus vaillant que moi? As-tu trouvé dans les histoires que tu as lues quelqu'un plus ardent à l'attaque, plus opiniâtre dans la défense, plus adroit en parant les coups, plus vigoureux en les frappant? — Ma foi, je vous dirai, monsieur, que je n'ai pas lu beaucoup d'histoires, parce que je ne sais ni lire ni écrire; mais je gagerais bien que jamais je n'ai servi un maître aussi hardi que vous. Prions Dieu seulement que cette hardiesse ne nous mène pas où je disais. Pour le présent, Votre Seigneurie devrait panser son oreille, d'où il sort beaucoup de sang. J'ai dans le bissac un peu de charpie avec de l'onguent blanc, que je vais vous donner. — Ah ! mon ami, si j'avais songé à faire une petite fiole du baume de Fier-à-Bras, nous n'aurions besoin d'aucun remède. — Qu'est-ce que cette drogue-là ? — C'est un baume dont j'ai la recette, avec lequel on se moque des blessures et de la mort. Quand une fois je l'aurai fait, Sancho, et que je t'aurai donné la fiole, si tu me vois, dans un combat, coupé par le milieu du corps, ce qui nous arrive presque tous les jours, tu n'as qu'à ramasser promptement la moitié qui sera par terre, la rapprocher, avant que le sang se fige, de l'autre moitié restée sur la selle, en prenant garde de les bien ajuster ensemble ; après cela, tu me feras boire seulement deux doigts de mon baume, et tu me verras frais et sain comme une pomme de reinette. — Si cela est, monsieur, je renonce dès ce moment au gouvernement de l'île, et je ne vous demande pour récompense de mes services que la recette de ce baume-là. Je suis toujours sûr de le vendre trois ou quatre réaux l'once, et cela me suffira pour passer ma vie honorablement. Il s'agit de savoir s'il coûte beaucoup à faire. — Avec moins de trois réaux on en a plus de six pintes. — Eh mardi ! qu'attendez-vous donc ? enseignez-moi cette recette. — Va, mon ami, ce secret n'est rien ; je t'en apprendrai bien d'autres. A présent, panse mon oreille, je t'avoue qu'elle me fait mal. »

Sancho tira du bissac de l'onguent et de la charpie ; mais quand don Quichotte aperçut que son casque était brisé, il fut sur le point d'en perdre l'esprit. « O créateur de toutes choses, s'écria-t-il en tirant son épée et levant les yeux vers le ciel, recevez le serment que je fais de ne manger pain sur nappe et d'observer beaucoup d'autres choses dont je ne me souviens point, mais qu'observa le marquis de Mantoue dans une occasion semblable, jusqu'à ce que je me sois vengé de l'insolent qui m'a fait affront. — Vous ne prenez pas garde, interrompit Sancho, que si le chevalier s'en va trouver madame Dulcinée, comme vous le lui avez ordonné, vous n'avez plus rien à lui demander. — Ce que tu dis là, reprit don Quichotte, est raisonnable ; j'annule le serment que je viens de faire pour ce qui regarde ma vengeance ; mais je le confirme et le renouvelle jusqu'à ce que j'aie conquis un casque aussi bon, aussi précieux que le fameux armet de Mambrin, qui coûta si cher à Sacripant. — Ne jurez donc pas comme cela, monsieur ; vous pourriez vous damner pour rien. Si nous sommes longtemps à trouver un homme avec un casque, dans un pays où l'on ne voit que des muletiers et des charretiers, resterez-vous sans manger de pain, pour faire comme le marquis de Mantoue ? — Qu'oses-tu dire ? Je suis sûr qu'il ne se passera point deux heures sans que nous voyions arriver ici un plus grand nombre de chevaliers qu'il n'en a paru au siège d'Albraque. — Je ne m'y oppose point ;

et Dieu veuille que cette fois-ci nous puissions attraper cette île qui me fait tant soupirer ! — Tu l'auras, n'en doute pas. D'ailleurs, si elle te manquait, n'avons-nous pas le royaume de Danemark, ou celui de Sobradise, qui te conviendront encore mieux, puisqu'ils sont en terre ferme ?

« Mais, ajouta-t-il, laissons cela ; et dis-moi si tu n'aurais point quelque chose à me donner à manger, en attendant que nous puissions nous retirer dans un château, pour y passer la nuit et faire mon baume ; car pardieu ! je souffre beaucoup de mon oreille. — J'ai bien là un peu de pain, avec un oignon et du fromage. Je n'ose guère présenter cela à un chevalier de votre importance. — Tu me connais mal, ami. Si tu avais lu comme moi toutes les histoires de chevalerie, qui ne laissent pas d'être nombreuses, tu saurais que mes braves confrères ne se mettaient jamais à table, si ce n'est dans les banquets des rois. Le reste du temps ils vivaient de l'air ; et comme ils étaient hommes cependant, et qu'un peu de nourriture leur était nécessaire à la longue, nous pouvons croire que dans les forêts, dans les déserts qu'ils parcouraient, sans y trouver sans doute de cuisiniers, leurs repas étaient quelques mets rustiques, tels que ceux que tu me présentes. Suivons, suivons leur exemple, et ne cherchons pas à rien innover. — Cela étant, monsieur, désormais je fournirai le bissac suivant les règles de la chevalerie, c'est-à-dire de fruits secs pour vous, et, pour moi, qui ne suis qu'un écuyer, de quelque chose de plus nourrissant. — Je ne t'ai pas dit, Sancho, que nous ne devions manger que des fruits secs, mais qu'il était vraisemblable que c'était la nourriture ordinaire des chevaliers, ainsi que certaines herbes que je connais. — Ah ! tant mieux, monsieur, je suis bien aise que vous connaissiez ces herbes-là ; car m'est avis que quelque jour nous en aurons sûrement besoin. »

En s'entretenant ainsi, nos deux aventuriers dînaient ensemble. Le désir de trouver un gîte avant la nuit leur fit abréger leur frugal repas ; mais, malgré leur diligence, le soleil déjà couché les força de gagner quelques cabanes de chevriers qu'ils découvrirent près de là. Sancho ne se consolait point de ne pas coucher dans un bon village ; don Quichotte, au contraire, était charmé de passer la nuit à la belle étoile, parce qu'il lui semblait que cette manière de dormir confirmait d'autant mieux sa chevalerie.

CHAPITRE IX

ON Quichotte et Sancho se remirent le lendemain en quête d'aventures. Après avoir voyagé toute la matinée, ils s'arrêtèrent, pour passer l'heure de la chaleur, dans une belle prairie qu'arrosait un petit ruisseau. Tous deux descendirent de leurs montures, laissèrent Rossinante et l'âne paître en liberté de l'herbe fraîche, fouillèrent dans le bissac, et, sans cérémonie, mangèrent ensemble ce qu'ils y trouvèrent. Malheureusement, le hasard avait amené dans ce lieu une troupe de cavales galiciennes, conduites par des muletiers yangois, qui s'étaient arrêtés dans ces prés, selon leur usage, pour se reposer.

Il arriva, l'on ne sait comment, que Rossinante, malgré sa retenue habituelle, voulut aller brouter l'herbe à l'endroit où se trouvaient les cavales. Celles-ci, qui probablement n'étaient pas très généreuses, le reçurent avec des ruades, et brisèrent bientôt son harnais et sa selle. Ce n'eût été rien si les muletiers, donnant tous les torts à Rossinante, n'étaient accourus avec leurs pieux ferrés, et n'en avaient donné tant de coups au pauvre cheval, qu'ils l'étendirent par terre. Déjà le héros et son écuyer accouraient à son secours. « Ami Sancho, disait don Quichotte tout essoufflé, ces marauds-là ne sont pas chevaliers : tu peux m'aider à prendre vengeance de l'affront qu'ils osent faire à Rossinante. — Eh! quelle diable de vengeance pouvons-nous prendre? répondit Sancho; ne voyez-vous pas qu'ils sont vingt? et nous ne sommes que deux; encore ces deux-là peut-être n'en valent-ils qu'un et demi. — J'en vaux cent, » reprit don Quichotte, qui met l'épée à la main, tombe sur les Yangois, et, de son premier revers partageant le gilet de cuir que portait un des muletiers, lui ouvre le haut de l'épaule. Sancho veut alors imiter son maître, et faire voir le jour à sa lance.

Les Yangois, honteux de se voir battus par deux hommes seuls, eurent recours à leurs bâtons ferrés, enveloppèrent nos héros, et commencèrent à instrumenter sur eux de toutes leurs forces. Sancho fut le premier à bas; don Quichotte, malgré son courage, ne tarda pas à le suivre, et vint tomber aux pieds de Rossinante. Les muletiers eurent peur de les avoir trop corrigés; ils rassemblèrent promptement leurs cavales, et se hâtèrent de partir, en laissant maître, valet, cheval, tous trois étendus sur la terre.

Le premier qui revint à lui fut le triste Sancho Pança, qui, d'une voix faible et dolente, s'écria : « Seigneur don Quichotte! ah! monseigneur don Quichotte!... — Que veux-tu, mon frère Sancho? répondit le chevalier avec un accent non moins lamentable. — Je voudrais, s'il était possible, que vous me donnassiez deux doigts de cet excellent breuvage de Fier-à-Bras. Il est peut-être aussi bon pour les os rompus que pour les blessures. — Vraiment, mon ami, si j'en avais un peu, nous n'aurions pas besoin d'autre chose. Mais je te jure, foi de chevalier, qu'avant deux jours notre provision sera faite, ou je perdrai l'usage de mes mains. — Et quand croyez-vous, s'il vous plaît, que nous aurons l'usage de nos pieds? — Je l'ignore, mon pauvre ami. Je dois avouer cependant que tout ceci m'est arrivé par ma faute. Je me suis compromis avec des gens qui n'étaient point armés chevaliers; il était juste que je fusse puni de cette infraction à nos lois. Dorénavant, mon cher fils, suis bien l'avis que je t'ai donné. Quand tu vois que nous sommes offensés par une canaille semblable, n'attends pas que je mette l'épée à la main; attaque tout seul ces coquins, et châtie-les à ton aise. Si des chevaliers viennent à leur secours, sois tranquille, je m'en charge alors; et tu connais assez, j'espère, la force de mon bras terrible. — Monsieur, je vous l'ai déjà dit, je n'aime pas du tout les querelles. Je suis bon homme, et j'ai une femme et des enfants. Personne ne pardonne aussi vite que moi les injures passées, présentes et futures; qu'elles me viennent de chevaliers ou de non-chevaliers, cela m'est égal, je n'ai point de rancune. Ainsi ne vous attendez point que jamais il me reprenne envie de me servir de cette épée, que j'ai pour la première fois tirée assez mal à propos. — Que dis-tu donc, mon enfant? Si j'avais un peu plus d'haleine, et que la douleur de mes côtes me laissât parler librement, je te ferais comprendre combien tu t'abuses. Viens ici, misérable pécheur, et réponds-moi : Lorsque le vent de la fortune, qui, dans ce moment, je l'avoue, n'a pas l'air de nous être favorable, enflera tout à coup la voile de notre espérance et nous conduira dans le port de cette île que je t'ai promise, comment feras-tu, n'étant point chevalier, ne voulant point le devenir, n'ayant ni valeur ni courage, pour conserver tes États? Tu sais assez que dans les royaumes, dans les provinces nouvellement conquises, il est des esprits inquiets, indociles, remuants, toujours prêts à quelque nouvelle entreprise; il faut donc que le nouveau possesseur ait assez de sagesse pour les contenir, et surtout assez de courage pour les abattre.

« — Tout cela peut être, répliqua Sancho; mais je vous avoue qu'en ce moment j'ai plus besoin d'emplâtres que de conseils. Voyez si vous pouvez vous lever; ensuite nous tâcherons de mettre sur ses pieds Rossinante, quoiqu'il ne le mérite guère, après ce qu'il nous a valu. Je ne l'aurais jamais pensé de lui, que je croyais si peu gourmand. On a bien raison de dire qu'il faut du temps pour connaître son monde. C'est comme vous, monsieur : qui aurait imaginé, après la belle bataille que vous avez gagnée contre le Biscaïen errant, qu'il tomberait sur vos épaules cette grêle de coups de bâton ? — Ah ! j'en mourrais de douleur, mon ami, si je ne savais que ces accidents sont attachés à notre profession. — Diable ! vous ne m'aviez pas dit que c'étaient là les revenants-bons du métier. Les reçoit-on souvent, s'il vous plaît ? Je vous préviens que, s'il en arrive un second, nous ne serons pas en état de profiter du troisième. — Hélas ! Sancho, la vertu des chevaliers n'est que trop souvent éprouvée ! A la veille d'être empereurs, ils sont quelquefois assommés. Je peux me consoler, ce me semble, en songeant que tant de héros ont reçu des affronts encore plus cruels que celui-ci ; car enfin, à bien examiner la chose, ce ne sont pas des coups de bâton que nous avons reçus : c'étaient des coups de pieux ferrés, ce qui est fort différent. — Ma foi, monsieur, peu m'importe, je n'ai pas eu le temps d'y prendre garde. A peine avais-je tiré ma diable d'épée que je me suis senti par terre, dans l'endroit où je suis encore. — Allons, mon fils, relevons-nous, et allons secourir ce pauvre Rossinante, qui n'a pas eu la moindre part de notre disgrâce. — Pardi ! c'était juste ; n'est-il pas aussi chevalier errant ? Ce qui me fait plaisir, c'est que mon âne s'en est tiré sans qu'il lui en coûte un seul poil. — La fortune, comme tu vois, laisse toujours une ressource dans les malheurs. Au défaut de Rossinante, ton âne pourra me porter dans quelque château où l'on pansera mes blessures ; et je ne tiendrai point à déshonneur cette monture ; car je me rappelle avoir lu que le nourricier de Bacchus, le bon Silène, fit son entrée dans la ville aux cent portes monté sur le plus bel âne du monde. — Ce monsieur Silène pouvait apparemment s'y tenir droit ; mais je doute que vous puissiez aller autrement que de travers et placé comme un sac de blé. — Nous irons comme nous pourrons, Sancho ; il est toujours honorable de revenir blessé d'un combat. Lève-toi donc, amène ton âne, et sortons de ces déserts avant la nuit. »

Le pauvre écuyer fit alors un effort pour quitter la terre ; et, poussant plus de cent soupirs, autant de *ouf*, autant de *aïe*, entremêlés de malédictions contre celui qui l'avait mené là, il parvint à se mettre sur ses pieds, restant à moitié chemin, courbé comme un arc de Turquie. Dans cette position, il marcha vers son âne, qui, seul heureux de l'aventure, s'en donnait à plaisir dans le pré. De là, le triste Sancho s'en revint à Rossinante, à qui la parole seule manquait pour se plaindre autant que son maître. L'écuyer parvint à le relever ; ensuite il plaça don Quichotte sur l'âne, attacha Rossinante à la queue, et, prenant à sa main le licou,

4

s'achemina vers la grande route. Au bout d'une petite lieue, ils découvrirent une hôtellerie, que notre héros, selon la coutume, ne manqua pas de prendre pour un château. L'écuyer avait beau répéter que ce n'était qu'une auberge, le maître soutenait son dire; et la dispute durait encore lorsque Sancho entra sous la porte avec son petit convoi.

CHAPITRE X

AVENTURES DE L'HÔTELLERIE

L'AUBERGISTE, en voyant cet homme placé de travers sur un âne, se pressa de demander à Sancho quel mal il avait. L'écuyer lui répondit que ce n'était rien, qu'il était seulement tombé du haut d'une montagne en bas, et que ses côtes en étaient un peu froissées. La femme de l'aubergiste, par un hasard assez rare, était bonne, charitable, et prompte à s'intéresser aux maux d'autrui. Elle accourut pour soigner don Quichotte, avec sa fille. Il y avait encore dans l'hôtellerie une jeune servante asturienne, dont la figure était remarquable. Son visage, plus large que long, tenait à une tête aplatie; son nez était camard, un de ses yeux louche, et l'autre malade. Elle réparait à la vérité ces petites imperfections par les agréments de sa taille, qui n'avait guère moins de trois pieds de haut; et ses épaules, s'élevant en voûte au-dessus du cou, la forçaient de regarder à terre. Cette aimable personne aida la fille de l'hôtesse à dresser pour don Quichotte, dans une espèce de grenier où l'on mettait de la paille, un lit formé de quatre planches non rabotées, posées sur deux bancs inégaux, d'un matelas plus dur que les planches mêmes, de deux draps de toile de navire, et d'une couverture dont on pouvait compter les fils. Ce fut dans ce mauvais lit que se coucha don Quichotte; aussitôt l'hôtesse et sa fille, éclairées par Maritorne (c'était le nom de l'Asturienne), vinrent lui mettre des emplâtres depuis la tête jusqu'aux pieds.

En voyant les contusions dont notre héros était couvert, l'hôtesse dit à Sancho que cela ressemblait plus à des coups qu'à une chute. « Ce ne sont pourtant point des coups, répondit le discret écuyer; mais c'est que la montagne avait beaucoup de rochers, dont chaque pointe a fait sa meurtrissure. Je vous serai obligé, madame, ajouta-t-il à voix basse, de vous arranger de manière qu'il vous reste quelques emplâtres; il me semble que les reins me font mal.

— Vous êtes donc tombé aussi? reprit l'hôtesse. — Non, je ne suis pas tombé, mais quand j'ai vu la chute de mon maître, j'ai senti une si grande émotion, que tout mon corps en est resté brisé, comme si l'on m'eût donné cent coups de bâton. — Je n'en suis pas étonnée, répondit la fille de l'hôtesse; j'ai souvent rêvé que je me jetais du haut d'un clocher en bas, et en m'éveillant je me trouvais aussi rompue que si le songe eût été véritable. — Voilà ce que c'est, répondit Sancho; la seule différence qu'il y ait, c'est que je ne rêvais pas, que j'étais encore mieux éveillé que je ne suis, et que cependant mes épaules ne sont guère en meilleur état que celles de mon maître. — Comment s'appelle votre maître? interrompit Maritorne. — Don Quichotte de la Manche, chevalier errant, des meilleurs et des plus braves qu'on ait vus. — Qu'est-ce que c'est, reprit l'Asturienne, qu'un chevalier errant? — Pardi! ma pauvre sœur, vous êtes donc bien neuve, si vous ignorez encore cela. Un chevalier errant est une chose toujours à même d'être empereur ou roué de coups; aujourd'hui manquant de tout, demain pouvant disposer de trois ou quatre royaumes qu'il donne à son écuyer. — Comment se fait-il, dit l'hôtesse, qu'appartenant à un si grand seigneur, vous n'ayez pas déjà quelque bon comté? — Patience, madame! depuis un mois tout au plus nous cherchons les aventures, et nous n'avons pas rencontré de celles-là; mais si monseigneur don Quichotte guérit de ces blessures-ci, ou, pour mieux dire, de cette chute, je vous réponds que je ne troquerais pas mes espérances pour le meilleur duché d'Espagne. »

Don Quichotte, qui jusqu'alors avait écouté cette conversation, fit un effort pour se relever sur son lit; et prenant la main de l'hôtesse : « Belle châtelaine, dit-il, ne regardez pas comme un hasard peu important celui qui m'amène chez vous. La modestie me défend de vous instruire de ce que je suis; c'est à mon écuyer de le faire. Je me borne à vous remercier de vos soins; ils ne sortiront jamais de ma mémoire reconnaissante. »

L'hôtesse, sa fille et la gentille Maritorne se regardaient toutes trois en écoutant ce discours, qu'elles n'entendaient pas plus que du grec. Elles se doutèrent pourtant qu'il n'était qu'agréable pour elles, et s'efforcèrent d'y répondre par des politesses. Pendant ce temps l'Asturienne pansait Sancho, qui n'en avait pas moins besoin que son maître.

Cependant les emplâtres ne purent procurer le sommeil à don Quichotte, qui se plaignit toute la nuit et appela son écuyer dès l'aurore. Sancho, encore moulu lui-même, se leva en gémissant. « Va, lui dit don Quichotte, va demander à l'alcade de cette forteresse qu'il te donne un peu d'huile, du sel, du vin et du romarin. Je ferai sur-le-champ ce merveilleux baume dont nous avons un si grand besoin. »

L'aubergiste donna ce que lui demandait l'écuyer. Sancho se hâta de le porter à son maître. Celui-ci mêla le tout ensemble, ordonna qu'on le fît bouillir; et, au défaut d'une fiole, qu'on ne put trouver dans l'auberge, l'hôte lui fit présent d'une burette de fer-blanc dans laquelle il mettait son huile. Don Quichotte y transvasa la potion, et dit ensuite sur la burette une centaine de *Pater*, d'*Ave Maria*, de *Credo*, accompagnant chaque prière de signes de croix et de bénédictions. Quand cela fut fait, impatient d'éprouver la vertu du baume, il avala sans s'arrêter tout ce qui n'avait pu entrer dans la burette, c'est-à-dire une demi-pinte. L'effet fut prompt et semblable à celui d'un fort émétique. Une abondante sueur en fut la suite; et un sommeil de trois bonnes heures répara si bien les forces du chevalier, que, se réveillant presque guéri de ses maux, il ne douta point que son baume n'eût opéré ce miracle, et que désormais avec sa burette il ne pût affronter tous les périls.

Sancho, émerveillé de la cure, se mit aussitôt à prier son maître de lui donner un peu de ce baume qui guérissait en si peu de temps. Don Quichotte y consentit; et l'écuyer, tenant la burette à deux mains, se dépêcha d'en avaler presque autant qu'en avait bu notre héros. Mais la dose, apparemment, était trop faible pour Sancho. Le malheureux sentit seulement une si violente colique, de si douloureuses tranchées, qu'il se crut à sa dernière heure. Il poussait des cris, se roulait par terre, en jurant et contre le baume et contre le traître qui le lui avait donné. « Mon cher ami, disait don Quichotte, je crois que tout ceci vient de ce que tu n'es pas armé chevalier. Ce n'est que pour eux vraisemblablement que ce breuvage est salutaire. — Eh! que ne le disiez-vous donc? s'écriait Sancho presque à l'agonie; il est bien temps de m'en avertir! »

Enfin ses douleurs se calmèrent; et, sans être aussi bien guéri que son maître, Sancho se vit délivré de ses mortelles angoisses. Don Quichotte, d'autant plus pressé de retourner chercher les aventures, qu'il ne redoutait plus rien, muni du baume de Fier-à-Bras, alla lui-même seller Rossinante, mit le bât sur l'âne, et vint aider à monter dessus son convalescent écuyer. Bientôt à cheval, il appelle l'hôte, qui, entouré de sa famille et d'une vingtaine de personnes, l'examinait avec autant de surprise que d'attention : « Seigneur alcade, lui dit-il avec beaucoup de gravité, recevez mes remerciements pour la courtoisie avec laquelle vous m'avez reçu dans votre château; rien ne peut me faire oublier l'extrême bonté qu'on m'a témoignée. Pour vous en marquer ma reconnaissance, reprit-il, je vous demande de me dire si vous avez reçu quelque outrage, si quelqu'un vous a fait quelque tort. Mon noble métier est de les venger. Ainsi, cherchez dans votre mémoire si vous n'avez pas à vous plaindre de quelque offense, de quelque injure, et soyez certain qu'avant peu je vous en ferai rendre raison. »

Les cris du malheureux berné arrivèrent jusqu'à son maître...

Paris. — Typ. Ch. Unsinger.

« — Monsieur le chevalier, répondit l'hôte, je n'ai point du tout besoin que Votre Seigneurie me venge d'aucune offense ; mais j'ai besoin que vous me payiez la dépense que vous avez faite cette nuit dans mon auberge, ainsi que la paille et l'orge que vos bêtes ont mangées. — Comment ! reprit don Quichotte, est-ce que ceci est une auberge ? — Très achalandée, heureusement. — Cela est singulier ; j'avais toujours cru que c'était un fort beau château ; mais, au surplus, peu importe. Quant au payement que vous demandez, vous trouverez bon sûrement que je ne contrevienne pas aux règles de la chevalerie errante, dont la première est de ne jamais payer dans les auberges, attendu qu'on est obligé de recevoir et d'héberger les chevaliers, en récompense des peines innombrables qu'ils se donnent le jour, la nuit, l'hiver, l'été, par la chaleur, par la neige, pour le service du public. — Je m'embarrasse peu de tout cela, monsieur ; payez-moi ce que vous me devez, et laissez là tous vos contes de chevalerie, qui ne font point du tout mon compte. — Vous êtes un sot, mon ami, et ne savez pas remplir les beaux devoirs de l'hospitalité. » En prononçant ces derniers mots, don Quichotte pique des deux, et sort de l'hôtellerie, sans que personne l'arrête, et sans songer à regarder si son écuyer le suivait.

L'aubergiste, le voyant parti, courut aussitôt à Sancho en renouvelant sa demande ; mais l'écuyer répondit qu'en qualité d'écuyer errant, la même loi qui défendait à son maître de payer dans les auberges le lui défendait aussi. L'hôte eut beau crier, menacer, l'obstiné Sancho répétait toujours que, dût-il lui en coûter la vie, il ne donnerait pas un sou, de peur que les écuyers futurs ne lui reprochassent un jour d'avoir laissé perdre un droit si précieux. Malheureusement, il y avait dans l'hôtellerie cinq ou six jeunes garçons de Ségovie et de Séville, aimant à rire et à se réjouir, surtout aux dépens d'autrui. D'un commun accord, ils approchent de Sancho, le descendent de dessus son âne, envoient chercher une couverture, dont chacun saisit un des quatre coins, placent au milieu le pauvre écuyer, et se divertissent à le faire voler à quinze ou vingt pieds de terre, le recevant et le renvoyant à peu près comme un gros ballon. Les cris du malheureux berné arrivèrent jusqu'à son maître, qui, revenant sur ses pas, fit prendre à Rossinante un terrible galop jusqu'à la porte de l'hôtellerie. L'hôte n'avait pas manqué de la fermer en dedans. Don Quichotte, en faisant le tour des murs pour chercher une autre entrée, aperçut son triste écuyer allant et venant dans les airs avec tant de grâce et tant de prestesse, que, sans la colère qui le suffoquait, il n'aurait su s'empêcher d'en rire. Il essaya plusieurs fois de monter de son cheval sur la muraille, mais ses contusions lui en ôtaient la force. Obligé de demeurer paisible spectateur de la scène, il s'en dédommagea par les reproches, les injures épouvantables qu'il adressait de loin aux berneurs. Ceux-ci ne s'en embarrassaient guère, et n'en continuaient pas moins à faire sauter le malheureux, jusqu'à ce que, fatigués eux-mêmes d'un jeu qui leur plaisait si fort, ils le remirent sur son âne. Maritorne, émue de compassion, courut au puits remplir un pot d'eau fraîche, qu'elle revint lui présenter. Sancho le portait à sa bouche lorsque don Quichotte lui cria de loin : « Prends garde, mon fils, prends garde ! ne bois point cette eau perfide qui te donnerait la mort. Songe que j'ai ici le divin baume, dont une seule goutte te guérira. » En disant ces paroles, il montrait la burette. Sancho, le regardant en dessous et de travers, lui répondit : « Avez-vous oublié que je ne suis pas chevalier? Gardez votre chien de breuvage, et me laissez en repos. » Il but alors ce que lui offrait la charitable Maritorne; mais, s'apercevant que c'était de l'eau, il fit la grimace, et pria l'Asturienne de lui donner un peu de vin, ce qu'elle fit volontiers, même en le payant sur ses gages; car dans le fond elle était bonne. L'aubergiste ouvrit les deux battants à Sancho, qui donna des talons à son âne, et sortit fort satisfait, au fond du cœur, de n'avoir pas payé un sou. Il est vrai que le trouble où il était l'empêcha de s'apercevoir qu'il oubliait son bissac.

CHAPITRE XI

ENTRETIEN DE NOS DEUX HÉROS, AVEC D'AUTRES AVENTURES IMPORTANTES

ANCHO rejoignit son maître, si faible, si abattu, qu'il pouvait à peine faire aller son âne. « Ami, lui dit don Quichotte, je suis certain que ce château, ou cette auberge, est assurément enchanté. Ceux qui se sont joués de toi d'une manière si atroce ne peuvent être que des fantômes, car lorsque j'ai voulu franchir la muraille pour te secourir, il ne m'a jamais été possible de remuer de mon cheval. Sans cela, je te réponds bien que j'aurais vengé ton injure d'une épouvantable manière. — Mort de ma vie ! reprit l'écuyer, si vous aviez vu ces gens-là d'aussi près que moi, vous ne les prendriez pas pour des fantômes : ils ne sont que trop en chair et en os. Allez, personne ne sait aussi bien que moi qu'il n'y a point d'enchantement dans tout cela; et je vois, clair comme le jour, que si nous continuons à chercher les aventures, nous en trouverons de si bonnes, que notre peau y restera. Le meilleur serait de nous en retourner dans notre village, à présent que voici la moisson, d'y faire valoir notre bien, sans aller, comme nous allons, en tombant toujours de fièvre en chaud mal. — Mon pauvre Sancho, je te le répète, tu n'entends rien à la chevalerie.

Qu'est-ce que toutes ces misères-là, auprès de la gloire qui nous attend? Tu ne comprends donc pas le plaisir extrême de vaincre, de triompher dans un combat? — Comment voulez-vous que je le comprenne? Depuis que nous sommes chevaliers errants, c'est-à-dire Votre Seigneurie, car, pour moi, je n'ai pas cet honneur, nous n'avons vaincu personne, si ce n'est le Biscaïen; encore vous en a-t-il coûté la moitié de votre oreille. Depuis ce jour, tout a été coups de bâton sur coups de bâton et gourmades sur gourmades; j'ai eu, à la vérité, de plus que vous, l'avantage d'être berné : dans tout cela je ne vois pas le mot pour rire. — Tout ira mieux, mon enfant; car je vais tâcher de me procurer quelque épée comme celle d'Amadis, avec laquelle on brise, on détruit toutes sortes d'enchantements. — Je suis si chanceux que, quand vous aurez cette épée-là, il en sera tout comme du baume : elle ne pourra être utile qu'à ceux qui sont armés chevaliers. »

Ils en étaient là de leur entretien, lorsque don Quichotte aperçut de loin un grand nuage de poussière. « Sancho, dit-il, enfin le voici, ce jour que la fortune me réservait, ce beau jour où mon courage va m'acquérir une immortelle gloire! Vois-tu là-bas ce tourbillon? C'est une innombrable armée, composée de toutes les nations du monde. — A ce compte-là, répondit Sancho, il doit y en avoir deux; car de cet autre côté voilà le même tourbillon. » Don Quichotte, se retournant, vit que Sancho disait vrai, et ne douta plus que ce ne fussent deux grandes armées qui marchaient l'une contre l'autre. C'étaient deux troupeaux de moutons qui venaient par deux chemins opposés, et qui élevaient autour d'eux une poussière si épaisse, qu'il était impossible de les reconnaître, à moins que d'en être tout près.

Don Quichotte, transporté de joie, répétait avec tant d'assurance que c'étaient deux armées, que Sancho finit par le croire, et lui dit : « Eh bien, monsieur, qu'avons-nous à faire là? — Ce que nous avons à faire, reprit le chevalier déjà hors de lui : prendre le parti le plus juste; et je vais en peu de mots t'expliquer ce dont il s'agit.

« Ceux qui viennent ici vis-à-vis de nous suivent les enseignes de l'empereur Alifanfaron, souverain de la grande île de Taprobane. Les autres qui s'avancent par là sont les guerriers de son ennemi, le puissant roi des Garamantes, Pentapolin au bras retroussé, ainsi nommé parce que, dans les batailles, on le voit toujours le bras nu. — Oui, dit Sancho; mais pourquoi ces messieurs s'en veulent-ils? — Par la raison, reprit don Quichotte, que cet Alifanfaron, qui est un damné de païen, est devenu amoureux de la fille de Pentapolin, qui est jeune, belle et chrétienne. Tu sens bien que Pentapolin ne veut pas donner sa fille à un roi mahométan, et qu'il exige qu'Alifanfaron commence par se faire baptiser. — Par ma barbe! il a raison, Pentapolin; et je l'aiderai tant que je pourrai. — Tu feras ton devoir, Sancho : je te préviens

que pour combattre en bataille rangée il n'est point du tout nécessaire d'avoir été armé
chevalier. — C'est bon, je suis pour Pentapolin. Tout ce qui m'inquiète, c'est mon âne. Je ne
peux guère aller me fourrer avec lui parmi tant de cavalerie, et je voudrais le mettre dans un
endroit où je sois sûr de le retrouver quand la chose sera finie. — Ne t'en embarrasse point,
mon ami ; qu'il se perde ou non, peu importe : nous aurons après la victoire tant de chevaux à
choisir, que Rossinante lui-même court de grands risques d'être échangé. Mais je veux te faire
connaître les principaux chevaliers qui font la force de ces deux armées. Viens les voir avec
moi sur cette colline. »

Tous deux gagnèrent alors une petite hauteur, d'où ils auraient fort bien distingué les
troupeaux, sans la poussière qui les leur dérobait. Là, don Quichotte, voyant ce que lui peignait
son imagination, commença ce beau discours, en indiquant avec la main tous les objets qu'il
montrait à Sancho :

« Ce chevalier, dit-il, que tu vois avec une armure d'or, et qui porte sur son bouclier un
lion couché près d'un bergère, c'est le valeureux Laurcalque, seigneur et prince du Pont-
d'Argent. Celui-là, dont l'écu est bleu, avec ces trois couronnes blanches, c'est le redoutable
Micocolembo, duc de la grande Quirocie. Tu dois remarquer près de lui, à droite, ce géant
terrible et farouche ; c'est le fameux Brandabarbaran, souverain des trois Arabies. Il est
toujours couvert d'une peau de serpent, et son bouclier est une des portes de ce temple des
Philistins que Samson détruisit en mourant. Tourne à présent par ici ; et là, devant toi, à la
tête de l'autre armée, tu vois le brave Timonel de Carcassonne, prince de la Nouvelle-Biscaye.
Remarque, remarque sur le cimier de Timonel ce beau chat de couleur fauve, au bas duquel
est écrit *Miau,* première syllabe du nom de sa dame, la charmante et belle Miauline, fille du
duc des Algarves. Cet autre qui passe dans ce moment sur cette belle jument tigrée, et qui
porte des armes blanches, c'est un Français, nouveau chevalier, appelé Pierre Pépin, seigneur
et baron d'Utique. Plus loin, celui que tu vois avec les talons ferrés, monté sur ce cheval
sauvage, c'est le puissant duc de Nervie, Aspergifilardo du Bocage, qui porte une asperge sur
un écu, avec cette devise espagnole : *De moi-même je renais.* » Enfin don Quichotte nomma
plus de cent chevaliers de l'une et l'autre armée, en donnant à chacun des armes, des couleurs,
des emblèmes différents.

Le pauvre Sancho, pendu pour ainsi dire à chacune des paroles de son maître, écoutait
avec une grande attention, et tournait, retournait la tête rapidement de tous côtés, espérant
toujours qu'à la fin il découvrirait quelque chose de tout ce qu'on lui montrait. Désespéré
de ne rien voir : « Monsieur, dit-il, je me donne au diable si, de tant de chevaliers et de

JULES DAVID

Paris. — Typ. Ch. Unsinger.

En disant ces paroles, il entre au milieu du troupeau de moutons, qu'il commence à percer
de part en part avec une fureur extrême.

géants que nomme Votre Seigneurie, j'en aperçois seulement un seul. Il faut qu'il y ait encore là de l'enchantement. — Eh quoi ! reprit don Quichotte, tu n'entends pas les hennissements des coursiers, le bruit des tambours, le son des trompettes ? — Je n'entends rien du tout, monsieur, si ce n'est quelques bêlements de moutons. (En effet les deux troupeaux approchaient.) — La peur te trouble les sens. Retire-toi, si tu crains ; seul je suffis pour porter la victoire dans le parti que je vais choisir. »

A ces mots, il pique Rossinante, et, la lance en arrêt, descend la hauteur de toute la vitesse de son coursier. Sancho, qui dans ce moment aperçut les troupeaux, se mit à crier de toutes ses forces : « Revenez, seigneur don Quichotte ; eh ! revenez, jarnidieu ! ce sont des moutons que vous attaquez. Il n'y a point là de géant, ni de chevalier, ni d'écu d'asperges, ni chat, ni diable ; revenez donc... Que va-t-il faire ? Malheureux que je suis ! »

Notre héros, sans l'écouter, galopait toujours en criant : « Courage, braves chevaliers qui combattez sous les étendards du valeureux Pentapolin ! Suivez-moi tous, je vais le venger d'Alifanfaron de la Taprobane. » En disant ces paroles il entre au milieu du troupeau de moutons, qu'il commence à percer de part en part avec une fureur extrême. Les bergers accourent en jetant des cris ; mais, voyant que rien ne l'arrêtait, ils chargent leurs frondes de pierres, et les font siffler autour de sa tête. Notre héros n'y prenait pas garde, et continuait le carnage, en disant toujours : « Où es-tu, superbe Alifanfaron ? ose paraître devant moi ; un seul chevalier te défie. » A l'instant même, une pierre un peu plus grosse que le poing l'atteignit au milieu des côtes. Don Quichotte, se sentant blessé, tire la burette de baume ; mais comme il la portait à sa bouche, une seconde pierre frappe la burette, la brise, l'enlève, et, chemin faisant, déchire la joue du héros. La douleur du coup le fit tomber de cheval. Les bergers craignirent de l'avoir tué ; ils se pressent de ramasser leurs morts, qui montaient à six ou sept moutons, et poursuivent leur route le plus vite qu'ils peuvent.

Sancho, toujours sur la hauteur, regardait les œuvres de son maître, et s'arrachait la barbe de dépit d'avoir pu suivre un fou pareil. Quand il le vit par terre, et les bergers loin, il descendit et vint le relever, en lui disant : « Ne vous avais-je pas averti, monsieur, que ces deux armées étaient des moutons? — Est-ce ma faute, répond don Quichotte, si le maudit enchanteur qui me persécute, pour me dérober la gloire de les vaincre, a changé tous ces chevaliers en moutons? Fais-moi un plaisir, mon ami Sancho : monte sur ton âne, et suis-les; tu verras qu'à quelques pas d'ici ils vont reprendre leur première forme. — Il est plus pressé, répliqua Sancho, de songer à vous panser, car votre bouche est pleine de sang. » En prononçant ces mots il cherchait le bissac, et, lorsqu'il s'aperçut qu'il l'avait oublié dans cette fatale hôtellerie, le malheureux écuyer fut sur le point de perdre l'esprit. Il maudit de nouveau son maître, sa sottise de l'avoir suivi, et résolut décidément de retourner à son village, et de renoncer à cette île qu'on lui faisait acheter si cher. Don Quichotte vint le consoler : « Ami, dit-il, de la constance! Tant d'infortunes nous annoncent que l'instant du bonheur est proche. Le mal a son terme comme le bien. Tout ce qui est extrême ne peut durer. Nous voilà sans bissac, sans pain, sans ressource; eh bien, fions-nous à la Providence. Elle prend soin du moucheron qui vole dans l'air, du ver qui rampe sur la terre, de la grenouille à peine née qui va se cacher sous les eaux. Pourquoi, nous, dont le cœur est pur, serions-nous seuls abandonnés par le souverain du monde, qui fait luire le soleil sur les bons, sur les méchants, et qui répand la rosée pour le juste comme pour l'injuste?

« — Par ma foi, dit Sancho, tout ému, vous feriez encore mieux le métier de prédicateur que celui de chevalier errant. Vous savez tout, en vérité! — Mon ami, dans ma profession il est nécessaire de tout savoir. L'on a vu plus d'un chevalier prononcer au milieu d'un camp des harangues aussi belles, aussi savantes, aussi fleuries que celles qu'on entend dans les universités. La valeur n'éteint pas l'esprit; l'esprit n'éteint pas la valeur. Mais, crois-moi, monte sur ton âne, et tâchons de gagner quelque asile où nous puissions passer la nuit. — Oui, pourvu que ce ne soit pas dans un château où il y ait des fantômes, des Mores enchantés, et des gens qui bernent. — Guide-nous toi-même, mon fils; je te laisse cette fois le maître absolu de choisir notre gîte. »

Ils se mirent alors en chemin; et le bon Sancho, voyant son maître fort triste, s'efforça de le distraire, en lui disant ce qu'on verra dans le chapitre suivant.

CHAPITRE XII

ÉTRANGE RENCONTRE QUE FIT DON QUICHOTTE

E pense, monsieur, dit Sancho, que cette suite de malheurs que nous venons d'éprouver est la punition d'un péché que vous avez commis contre la chevalerie. Vous aviez juré de ne point manger de pain sur table avant d'avoir conquis l'armet de Malandrin ou de Mambrin, je ne sais pas bien le nom de ce More; et vous n'avez pas tenu ce serment.— Tu as grand'raison, répondit don Quichotte; je l'avais oublié tout à fait; et tu peux être certain que c'est pour ne me l'avoir pas rappelé que l'on t'a berné dans l'hôtellerie. Mais avant peu, mon ami, je réparerai ma faute.— Je vous en serai fort obligé pour mon compte, puisque les fantômes s'en prennent à moi, qui n'ai pourtant rien juré. »

En causant ainsi de choses et d'autres, la nuit les surprit au milieu du grand chemin. La faim les pressait; ils n'avaient point de bissac, ne découvraient point de maison, et les ténèbres devenaient à chaque instant plus épaisses. Ils marchaient toujours, espérant que la grande route les conduirait à quelque village, lorsqu'ils virent venir à eux une grande quantité de lumières, qui ressemblaient d'abord à des feux follets. Sancho pensa s'évanouir de peur; don Quichotte lui-même fut troublé. L'un tira fortement le licou de son âne, l'autre retint les rênes de son cheval. Ils regardaient attentivement, et cherchaient à deviner ce que cela pouvait être; mais les lumières, en approchant, devenaient plus grandes, plus vives, et leur nombre semblait s'augmenter. Sancho se mit à trembler de tous ses membres. Les cheveux de don Quichotte se dressèrent sur sa tête. Cependant il se ranime : « Ami, dit-il, voici sans doute une épouvantable aventure, pour laquelle j'aurai besoin de ma valeur tout entière.

« — C'est fait de moi, répondit Sancho, si c'est encore une aventure de fantômes, comme elle en a toute la mine. Eh, mon bon Dieu! où seront les côtes qui pourront y suffire? — Rassure-toi, mon fils, ne crains rien; je ne souffrirai pas qu'il t'en coûte un seul cheveu. Tu n'es point ici renfermé dans une cour dont je ne puisse franchir les murailles; nous sommes en rase campagne, mon épée va jouer à l'aise. — Eh! si l'on vous enchante encore, comme la dernière fois, à quoi servira la rase campagne? — Du courage! te dis-je, du courage! Tu vas voir si ton maître en manque. — Ah! monsieur, je ne demande pas mieux que vous en ayez. »

A ces mots, ils se détournent un peu du chemin pour examiner de nouveau ce que pouvaient être ces lumières. Ils distinguèrent bientôt de grandes figures blanches, dont la seule vue fit claquer les dents de Sancho, comme s'il avait eu le frisson de la fièvre. Ces figures blanches, au nombre de vingt à peu près, étaient toutes à cheval, portant des torches à la main, et marmottaient certaines paroles d'une voix basse et sépulcrale. Derrière eux venait une litière noire, suivie de six cavaliers couverts de crêpes depuis leurs chapeaux jusqu'aux pieds de leurs mules. Ce spectacle extraordinaire, au milieu de la nuit, dans un lieu désert, était capable d'effrayer un homme plus hardi que Sancho. Aussi ne respirait-il plus. Son maître lui-même n'était pas trop rassuré; mais ses livres vinrent à son secours. Il s'imagina que cette litière renfermait quelque chevalier blessé ou tué en trahison, dont il devait venger la mort. Sans autre réflexion, il met sa lance en arrêt, va se planter au milieu du chemin, vis-à-vis des figures blanches, et leur crie d'une voix terrible :

« Arrêtez, qui que vous soyez, et dites-moi qui vous êtes, où vous allez, d'où vous venez, qui vous conduisez dans cette litière. Je soupçonne que vous êtes coupables ou victimes de quelque crime; je dois le savoir, afin de vous venger ou de vous punir. » Un des hommes blancs répondit : « Nous sommes pressés, et l'auberge est loin; nous n'avons pas le temps de satisfaire votre extrême curiosité. — Ayez le temps d'être plus poli, reprit don Quichotte en colère, ou préparez-vous au combat. »

En prononçant ces paroles, il saisit fortement par la bride la mule de l'homme blanc. La mule était ombrageuse; elle se cabre et se renverse sur son maître. Don Quichotte, sans y prendre garde, se précipite sur un des cavaliers vêtus de deuil, qu'il jette par terre d'un coup de lance. De là, il court à un autre; et la prestesse, la vigueur avec laquelle il les attaquait avait passé jusqu'à Rossinante, qui, dans ce moment, semblait avoir des ailes. Tous ces pauvres gens, sans armes, peu exercés à se battre, ne tardent pas à prendre la fuite, et se dispersent dans la campagne où, courant avec leurs flambeaux, ils ressemblaient à une troupe de masques qui enterrent le carnaval. Les cavaliers en deuil, embarrassés de leurs manteaux, de leurs crêpes, pouvaient à peine se remuer, et ne se défendaient point contre don Quichotte, qu'ils prenaient pour le grand diable d'enfer. Notre héros les abattait à son aise; et, Sancho, en le regardant, disait en lui-même : « Il faut pourtant bien que mon maître soit aussi redoutable qu'il le prétend. »

Le premier homme tombé était encore sous la mule, et son flambeau par terre brûlait près de lui. Don Quichotte, vainqueur, vint lui mettre sa lance au visage, en lui criant de se rendre. « Hélas! répondit le malheureux, je suis déjà tout rendu, puisque je ne puis bouger, et je crains d'avoir la jambe cassée. Ne me tuez pas, si vous êtes chrétien : vous commettriez un grand sacrilège, attendu que je suis tonsuré. — Tonsuré! reprit notre chevalier; puisque vous êtes homme d'Église, que venez-vous faire ici? — Pas grand'chose de bon, grâce à vous! Je m'appelle Alonzo Lopès, et j'accompagnais avec onze ecclésiastiques, mes confrères, que vous venez de mettre en fuite, le corps d'un vieux gentilhomme mort à Baeça, qui a demandé d'être enterré à Ségovie, sa patrie. — C'est fort bien. Mais qui a tué ce gentilhomme? — Qui l'a tué? — Oui, sans doute; c'est là ce qu'il m'importe de savoir. — Ma foi! c'est Dieu qui l'a tué, avec une fièvre maligne. — Cela étant, je ne suis donc pas obligé de venger sa mort. — Je ne le pense pas, monsieur. — C'est qu'il est bon que vous sachiez que je m'appelle don Quichotte de la Manche, que je suis chevalier errant, et que mon devoir est d'aller par le monde, réparant les injustices et redressant les torts. — Je voudrais bien, monsieur le chevalier, que vous pussiez redresser ma jambe. — C'est un malheur, monsieur le tonsuré Alonzo Lopès. Mais aussi pourquoi vous en allez-vous, la nuit, couverts de crêpes, de surplis, avec des flambeaux, dans un équipage de l'autre monde, qui devait, avec raison, me faire croire que vous étiez des suppôts de Satan? — Oh! je sens bien que c'est ma faute. Mais aidez-moi, par charité, à me relever de dessous cette mule, qui tient ma jambe froissée entre la selle et l'étrier. »

Aussitôt don Quichotte appelle Sancho. Sancho ne se pressait pas d'arriver, parce qu'il était occupé de débarrasser un mulet chargé de vivres, que ces messieurs menaient avec eux. Le prévoyant écuyer était parvenu à faire de sa capote une espèce de bissac, qu'il farcit des meilleures provisions; ensuite il attacha la capote sur son âne; et, quand tout cela fut fait, il arriva près de son maître pour l'aider à relever le malheureux tonsuré. Ils parvinrent, non sans peine, à le remettre sur sa mule, lui rendirent son flambeau, et don Quichotte lui conseilla de rejoindre ses compagnons, en l'assurant de nouveau qu'il n'avait pu s'empêcher de faire ce qu'il avait fait. Sancho le retint pour lui dire encore : « Si par hasard vos messieurs sont curieux de savoir quelle est la personne qui les a si bien étrillés, vous pouvez leur apprendre que c'est le fameux don Quichotte, autrement dit *le chevalier de la Triste Figure.* » Le pauvre tonsuré partit. Notre héros pria Sancho de lui expliquer pourquoi il lui avait donné ce surnom. « Ma foi! répondit l'écuyer, c'est qu'en vous considérant à la lueur de cette torche, soit à cause de la fatigue que vous avez éprouvée, soit à cause du coup de pierre que vous avez reçu, je vous ai trouvé la plus triste figure que l'on puisse voir au monde. — Ce n'est pas cela, mon ami; c'est que le sage qui doit écrire l'histoire de mes exploits a sans doute jugé nécessaire que j'aie aussi un surnom, comme les chevaliers du temps passé, lesquels s'appelaient le chevalier de la Licorne, du Phénix, du Griffon, de la Mort. C'était sous ces noms et par ces emblèmes qu'ils étaient connus dans l'univers. Je regarde comme une inspiration l'idée qui t'est venue : je prétends m'appeler ainsi désormais; et je veux faire peindre sur mon bouclier une figure étrange et fort triste. — Vous pouvez, monsieur, économiser l'argent qu'il vous en coûterait pour cela. Je vous réponds, soit dit sans vous offenser, qu'il suffit que vous vous montriez pour que tout le monde dise : Voilà le chevalier de la Triste Figure. » Don Quichotte ne se fâcha point de la liberté de son écuyer; mais il n'en résolut pas moins d'adopter ce beau surnom.

Avant de quitter ce lieu, notre héros eut la fantaisie de retourner sur ses pas, et de visiter le cercueil qui était dans la litière, pour s'assurer si le gentilhomme était bien mort. « Monsieur, lui dit Sancho, voici la première aventure dont nous nous tirons bien portants; n'allons pas gâter nos affaires. Ces gens-là n'ont qu'à s'apercevoir que c'est un seul homme qui les a battus, ils voudront prendre leur revanche; et vous savez, comme moi, tout ce qui peut en arriver. Croyez-moi, gagnons la montagne; nous avons faim, j'ai de quoi manger; laissons aller, comme on dit, le mort en terre et le vivant à table. » Aussitôt, il fait marcher son âne devant lui; don Quichotte, trouvant qu'il avait raison, le suivit sans répliquer.

Ils s'enfoncèrent entre deux collines, et parvinrent à une vallée profonde, où Sancho mit sur l'herbe ses provisions. Là, étendus tous les deux, sans autre sauce que leur appétit, ils déjeunèrent, dînèrent, soupèrent tout à la fois avec d'excellentes viandes froides, destinées à messieurs les ecclésiastiques, qui d'ordinaire savent bien se pourvoir. Mais un grand malheur, dont Sancho surtout ne pouvait se consoler, c'est qu'ils n'avaient point de vin, ni même d'eau, pour apaiser leur soif; ce qui fut cause de ce qu'on va voir dans le chapitre suivant.

CHAPITRE XIII

DE LA PLUS EXTRAORDINAIRE DES AVENTURES QUE DON QUICHOTTE MIT A FIN

ANCHO, qui ne pouvait manger sans boire, fut le premier à dire à son maître que l'herbe fraîche et touffue de cette prairie annonçait quelque fontaine ou quelque ruisseau dans les environs. Don Quichotte et lui se levèrent pour le chercher et s'y désaltérer. Ils prirent Rossinante et l'âne par la bride, et commencèrent à marcher avec précaution, parce que la nuit était fort obscure. Ils n'avaient pas fait deux cents pas, que leurs oreilles furent frappées du bruit lointain d'une cascade. Ils s'en

réjouissaient déjà, lorsqu'un bruit fort différent vint tempérer cette joie et donner l'alarme à
Sancho, qui naturellement n'était pas brave. Ils entendirent de grands coups frappés à inter-
valles égaux, mêlés d'un cliquetis de ferrailles, de chaînes, et accompagnés du bruit du torrent
bondissant à travers les rocs. Il était nuit, le ciel était couvert d'un voile épais, et nos héros se
trouvaient sous de grands arbres dont les branches étaient agitées. Ces ténèbres, cette solitude,
le bruit du fer et de l'eau, qui se confondait avec le murmure des feuilles et le sifflement du
vent, tout semblait se réunir pour inspirer la terreur; mais notre héros, incapable d'effroi,
s'élance sur Rossinante, et, se couvrant de sa rondache : « Ami, dit-il à son écuyer, apprends
que le ciel me fit naître dans ce triste siècle de fer pour ramener l'âge d'or; que c'est à moi que
sont réservés les grands périls, les actions sublimes, et que ma renommée doit effacer celle des
guerriers de la Table ronde, des pairs de France, des neuf preux, de tous les chevaliers du temps
passé. Remarque, fidèle écuyer, cette sombre horreur qui nous environne, ces silencieuses
ténèbres, ce murmure sourd des chênes immenses que les aquilons font gémir, ce bruit épouvantable des flots qui semblent se précipiter des montagnes de la lune, et ces coups terribles
dont le son aigu déchire l'oreille effrayée; le dieu Mars lui-même connaîtrait la peur : eh bien,
mon courage en augmente; je désire, je veux, je cours entreprendre cette aventure. Serre les
sangles de mon coursier; reste ici, attends-moi trois jours. Si à cette époque je ne reviens
point, va trouver au Toboso l'incomparable Dulcinée, et dis-lui que son chevalier est mort en
cherchant à mériter la gloire de lui appartenir. »

En écoutant ces paroles, Sancho se mit à pleurer : « Monsieur, dit-il d'une voix attendrie,
pourquoi voulez-vous tenter une si terrible aventure? Il est nuit, personne ne nous voit, personne ne pourra nous traiter de poltrons, quand nous nous détournerions un peu. Prenons ce
parti, croyez-moi, dussions-nous ne pas boire de quatre jours. Je vous préviens d'abord que je
n'ai plus soif; notre curé, que vous connaissez bien, m'a dit souvent que qui cherche le péril
périt. Vous devez être satisfait de n'avoir pas été berné comme moi, d'avoir vaincu, comme
vous l'avez fait, ce grand nombre d'ennemis qui escortaient ce corps mort. Si toutes ces raisons
ne vous touchent pas, songez que j'ai quitté pour vous ma maison, mes enfants, ma femme.
J'espérais n'y pas perdre, à la vérité; mais, comme on dit, la convoitise rompt le sac; que
deviennent toutes mes espérances si, au moment où je croyais tenir cette malheureuse île que
vous m'avez promise, je me vois délaissé par vous? Pour l'amour de Dieu, monseigneur, mon
maître, ne me faites pas ce chagrin; du moins, attendez qu'il soit jour. Avant trois heures d'ici
vous verrez paraître l'aube; car, d'après la science que j'ai acquise quand j'étais berger, je vois
la bouche de la Petite-Ourse au-dessus de la tête, et il doit être minuit dans la ligne du bras

gauche. — Eh! comment distingues-tu, lui répondit don Quichotte, cette ligne et cette bouche, puisque la nuit est si obscure qu'aucune étoile ne paraît au ciel? — Oh! monsieur, la peur a de bons yeux; et vous pouvez être certain que j'ai des raisons excellentes pour vous assurer qu'il fera bientôt jour. — Jour ou nuit, il ne sera pas dit que rien au monde ait retardé l'accomplissement de mes grands devoirs. Laisse-moi, Sancho; le Dieu tout-puissant qui m'inspire d'entreprendre cette aventure saura bien veiller sur ma vie, ou te consoler de ma perte. Serre les sangles de Rossinante, et attends-moi; je serai bientôt mort ou vainqueur. »

Sancho, voyant que ses larmes, ses prières, ses conseils ne pouvaient rien sur son maître,

résolut d'user d'adresse et de le forcer, malgré lui, d'attendre que le jour parût. Pour cela, dans le même temps qu'il serrait les sangles de Rossinante, il lui lia doucement les jambes de derrière avec le licou de son âne. Quand don Quichotte voulut partir, son cheval, au lieu de marcher, ne faisait que de petits sauts. — Vous le voyez, s'écria l'écuyer, le ciel, plus pitoyable que vous, ne veut pas que vous m'abandonniez. Il défend à Rossinante de vous obéir; et si vous continuez à résister à sa volonté, vous mettrez en colère la fortune, et vous en serez puni. » Don Quichotte se désespérait; mais plus il piquait son cheval, et moins le cheval avançait. Sans se douter de ce qui le retenait : « Allons, dit-il, puisque Rossinante ne veut pas marcher, je vais attendre l'aurore, quoique je verse des larmes de ce retard si cruel. »

Enfin la nuit s'écoula; et Sancho, voyant paraître le jour, alla délier doucement les jambes de Rossinante. L'animal se sentit à peine libre que, quoiqu'il ne fût pas fort pétulant, il essaya de faire deux ou trois courbettes, que la faiblesse de ses reins ne lui permit point d'achever. Don Quichotte en tira bon augure, et voulut en profiter sur-le-champ. L'aube laissait alors distinguer les objets. Notre héros s'aperçut qu'il était au milieu de grands châtaigniers, dont les ombrages épais rendaient la nuit plus obscure; mais il ne put deviner la cause de ces coups terribles qui continuaient à se faire entendre; il renouvela ses adieux à Sancho, lui répéta ce qu'il devrait dire à madame Dulcinée si dans trois jours il ne revenait point, et ajouta : « Quant à la récompense de tes services, tu ne dois avoir aucune inquiétude, j'y ai libéralement pourvu dans un testament que l'on trouvera chez moi. Mais espérons plutôt, mon ami, que je sortirai triomphant de cette périlleuse aventure, et, pour le coup, tu peux compter sur l'île que je t'ai promise.» Notre écuyer, en l'écoutant, se mit encore à fondre en larmes, et déclara qu'il voulait suivre son maître jusqu'à la mort. Don Quichotte fut attendri; mais, cachant son émotion de peur de témoigner de la faiblesse, il marcha d'un air fier et calme vers le lieu d'où venait le bruit.

Sancho le suivait à pied, tirant par le licou son âne, inséparable compagnon de sa bonne et mauvaise fortune. Après un assez long chemin au milieu de ces châtaigniers, ils arrivèrent dans un petit vallon entouré de rochers élevés, d'où se précipitait le torrent. Au pied des rochers, on voyait de loin quelques misérables maisons, qui ressemblaient à des ruines; c'était de là que sortaient les épouvantables coups. Rossinante eut peur et fit un écart; mais notre héros le ramène, s'approche peu à peu des maisons en se recommandant à sa dame. Son écuyer, toujours derrière lui, allongeait souvent la tête et le cou entre les jambes de Rossinante pour chercher à découvrir ce qui lui faisait si peur. Au bout de cent pas, au détour d'une petite colline, ils découvrirent enfin la cause de leur terreur et de cet effroyable bruit. C'étaient, il faut le dire, il faut bien l'avouer malgré nous, six énormes marteaux de moulins à foulon qui n'avaient pas cessé de battre depuis le jour précédent.

Don Quichotte, à cet aspect, demeura muet de surprise; ses mains laissèrent aller la bride, sa tête tomba sur son sein. Il tourna les yeux sur Sancho, qui fixait les siens sur lui, avec les joues enflées, et tout prêt à crever d'envie de rire. Notre chevalier ne put s'en empêcher lui-même, malgré son profond chagrin, et Sancho, voyant que son maître heureusement avait ri le premier, mit ses poings sur ses côtés, et par quatre fois de suite fit et refit des éclats qui bientôt impatientèrent don Quichotte. Mais ce fut bien pis quand son écuyer osa lui adresser ces paroles, en le regardant avec une gravité plaisante : « *Ami, apprends que le ciel me fit naître dans ce triste siècle de fer pour ramener l'âge d'or, que c'est à moi que sont réservés les grands périls, les actions sublimes,* » et lui répéta mot à mot tout ce que le héros avait dit lorsque les foulons s'étaient fait entendre. Cette raillerie mit en colère don Quichotte, qui, levant aussitôt sa lance, en frappa si fort l'écuyer persifleur, que si ses coups fussent tombés sur la tête comme ils tombèrent sur les épaules, le pauvre Sancho n'eût jamais profité du testament. « Monsieur, s'écria-t-il plein d'effroi, ne voyez-vous pas que je ris? — Moi, je ne ris pas, reprit don Quichotte. Répondez, monsieur le plaisant : si c'eût été, comme je l'ai cru, la plus périlleuse des aventures, n'ai-je pas montré le courage nécessaire pour la terminer? Un chevalier tel que moi, qui n'a jamais vu de moulins à foulon, doit-il les reconnaître au bruit? C'est bon pour vous, monsieur le manant, élevé dans un chétif village. Faites, s'il vous plaît, que ces six

6

marteaux deviennent autant de géants, placez-les vis-à-vis de moi l'un après l'autre, ou tous ensemble; et, si je ne leur mets pas le pied sur le ventre, riez alors tant qu'il vous plaira. — Apaisez-vous, monseigneur, reprit Sancho d'une voix soumise : je conviens que j'ai trop ri; mais vous conviendrez peut-être, quand vous ne serez plus fâché, que bien d'autres riraient de même, si nous leur disions quelle a été notre frayeur... Je ne parle que de la mienne, car, pour vous, la peur vous est inconnue. — Oui, je veux bien avouer que l'histoire en pourrait sembler gaie, mais je crois au moins inutile de la raconter. Il est tant d'esprits mal faits, qui ne savent point prendre les choses, et vont toujours au delà du but! — Votre Seigneurie y va droit, excepté lorsqu'elle vise à la tête et qu'elle attrape les épaules, grâce au ciel et à ma promptitude à éviter votre coup. Au surplus, qui châtie bien aime bien. Quand les grands seigneurs ont dit à leurs valets une parole un peu dure, ils leur font toujours un présent; j'ignore comment en usent les chevaliers errants quand ils ont donné des coups de lance; mais le moins qui peut s'ensuivre, ce sont des îles sûrement ou des royaumes en terre ferme. — Tu dis peut-être plus vrai que tu ne penses; mais pardonne-moi ce premier mouvement, que je n'ai pu retenir, et tâche désormais, mon ami, de ne plus tant babiller. Dans aucun livre de chevalerie, je n'ai jamais vu d'écuyer aussi familier que toi. Les récompenses que je t'ai promises arriveront avec le temps. Si elles n'arrivaient pas, je t'ai déjà dit de n'être pas inquiet de ton salaire. — Cela suffit, monseigneur, et vous pouvez être certain que, dorénavant, je n'ouvrirai la bouche que pour vous honorer comme mon maître. — A la bonne heure; c'est le moyen de vivre longtemps en paix sur la terre, car, après son père, c'est à son maître que l'on doit le plus de respect. »

CHAPITRE XIV

CONQUÊTE DE L'ARMET DE MAMBRIN

ANS ce moment il vint à tomber un peu de pluie. Sancho voulait chercher son abri dans les moulins; mais don Quichotte les avait pris en aversion, jamais il n'y voulut entrer; et, tournant à droite, il n'avait pas fait beaucoup de chemin, lorsqu'il aperçut de loin un homme à cheval, qui portait sur la tête quelque chose d'aussi brillant que l'or. « Sancho, s'écria-t-il plein de joie, tous les proverbes sont vrais, principalement celui qui dit que *lorsqu'une porte se ferme une autre s'ouvre bientôt*. Cette nuit, la volage fortune a semblé se jouer de mes espérances, mais ce matin elle vient m'offrir un beau dédommagement : selon toutes les apparences, le guerrier que je vois là-bas porte sur sa tête l'armet de Mambrin, que j'ai juré de conquérir. — Monsieur, répondit Sancho, si j'avais la permission de parler comme autrefois, je vous dirais de prendre garde que ceci ne soit encore des moulins à foulon. — Va-t'en au diable avec tes foulons. Quel rapport peut-il y avoir entre un casque et' des moulins? — Plus que vous ne pensez, monsieur, mais il m'est défendu de m'expliquer. — Malheureux incrédule, comment veux-tu que je m'abuse? Ne vois-tu pas venir à nous ce chevalier monté sur un cheval gris pommelé, portant sur sa tête un casque d'or? — Je vois bien un homme monté sur un âne gris comme le mien, qui a sur la tête je ne sais quoi qui reluit. — Ce je ne sais quoi est l'armet de Mambrin. Allons, éloigne-toi promptement, et laisse-moi seul. Tu vas voir comment, sans perdre de temps en paroles, je vais terminer cette aventure et m'emparer de l'armet. — Mon Dieu! monsieur, l'embarras n'est pas de m'éloigner; mais je souhaite qu'il n'y ait pas ici des foulons. — Je vous ai déjà dit, frère, que vos réflexions m'ennuient; et, si vous me rompez encore la tête de foulons, mordieu! je vous corrigerai de manière à vous en faire souvenir longtemps. » Sancho craignit la colère de son maître et ne souffla plus.

Je dois mettre au fait mes lecteurs de ce que c'était que ce guerrier, ce cheval et cet armet. Il y avait, dans ces environs, un village et un hameau si petits et si voisins l'un de l'autre, que le même barbier servait pour les deux. Or, ce jour-là un malade du hameau avait besoin d'une saignée, et un autre habitant, de se faire la barbe; le barbier se rendait chez eux avec ses lancettes et son bassin de cuivre jaune. Surpris par la pluie, craignant de gâter son chapeau, qui, sans doute, était tout neuf, il avait mis sur sa tête ce bassin de cuivre, qu'on voyait luire d'un quart de lieue. Il était monté sur un âne gris, comme l'avait dit Sancho; et don Quichotte, dans tout cela, voyait un chevalier sur un beau cheval gris pommelé, la tête couverte d'un casque d'or.

Quand le pauvre barbier fut près, notre héros, sans explication, courut à lui la lance en arrêt. Le barbier, qui vit arriver ce fantôme, se jette promptement à bas de son âne, et, plus léger qu'un chevreuil, commence à fuir dans la campagne, en laissant par terre le bassin de cuivre. « Le païen n'est pas sot, s'écria don Quichotte; il imite le castor, qui, poursuivi par les chasseurs, se coupe lui-même ce qu'on veut de lui. » Sancho, ramasse ce précieux armet. « Par ma foi! dit l'écuyer en prenant le plat à barbe, ce bassin-là est encore neuf, et vaut au moins huit réaux. » Il le remet à son maître, qui, l'essayant sur son front, et le tournant, le retournant pour l'y faire tenir, disait avec étonnement : « Le païen pour qui l'on forgea ce casque devait avoir une furieuse tête! Encore vois-je avec douleur qu'il y manque tout le morion. » Sancho faisait tous ses efforts pour ne pas rire, se souvenant de la leçon qu'il avait reçue. « Qu'as-tu donc? lui dit don Quichotte. — Rien, monsieur, répondit-il; je songe à la grosse tête du premier possesseur de cet armet, qui ressemble singulièrement à un plat à barbe. — Il est vraisemblable, Sancho, que ce casque enchanté sera tombé par hasard dans les mains de quelque ignorant, qui, sans connaître son mérite, en aura fondu la moitié; de l'autre, il aura fait ce que tu vois, qui, à la vérité, a un peu l'air d'un plat à barbe. Mais, que m'importe? je sais ce qu'il vaut; je le ferai remettre en état, et j'aurai un casque beaucoup meilleur que celui que le dieu Vulcain forgea pour le dieu des batailles; en attendant, je vais le porter tel qu'il est. — Vous êtes le maître, monsieur; mais que ferez-vous de cet âne, je veux dire de ce cheval gris pommelé, qui ressemble aussi beaucoup à un âne gris? Au train qu'a pris son pauvre maître,

je ne crois pas qu'il revienne le chercher; et, par ma barbe! le roussin n'est pas mauvais. — Mon usage n'est pas de dépouiller ceux que j'ai vaincus, et les chevaliers d'autrefois ne s'emparaient guère des chevaux de leurs ennemis, à moins qu'ils n'eussent perdu le leur dans le combat. Laisse donc ce cheval ou cet âne, comme tu voudras l'appeler; son maître le viendra reprendre. — J'aurais pourtant quelque envie de le troquer contre le mien, qui ne me paraît pas si bon. Les lois de la chevalerie sont terriblement étroites, si elles ne permettent pas de changer un âne contre un âne. Ai-je du moins la liberté de changer les bâts? — Je n'en suis pas sûr; mais jusqu'à ce que je sois mieux informé, je pense que tu peux le faire. »

Autorisé par cette décision, Sancho prit le bât tout neuf de l'âne gris pommelé, et se hâta d'en parer le sien, qui lui en sembla deux fois plus beau. Cela fait, nos voyageurs déjeunèrent des restes de leur souper, burent ensemble de l'eau du torrent, sans retourner la tête du côté des moulins, et, redevenus bons amis, ils continuèrent leur route, en laissant aller à son gré Rossinante, que l'âne suivait avec une fidèle amitié. Bientôt ils se trouvèrent dans la grande route. Alors Sancho dit à son maître :

« Je vous demande, monsieur, la permission de causer un peu avec vous. Depuis que Votre Seigneurie m'a imposé ce terrible silence, j'ai perdu une foule de bonnes pensées, et je voudrais mettre à profit celles qui me viennent dans ce moment. — Parle, Sancho, répondit don Quichotte, mais sois bref; les meilleurs discours ennuient quand ils se prolongent. — Depuis quelques jours, monsieur, je réfléchis que nous ne gagnons pas grand'chose à chercher ainsi les aventures; car enfin, vous avez beau vaincre et faire de belles actions dans ces déserts, personne ne les voit, personne n'en sait rien; et votre valeur n'obtiendra point ainsi la renommée dont elle est digne. Mon avis serait que nous nous missions au service de quelque empereur, ou de quelque prince qui fût en guerre avec son voisin, parce qu'alors votre courage, votre force surnaturelle, votre sagesse incomparable seraient utiles, seraient en vue, et nous attireraient des récompenses; alors vous ne manqueriez pas d'historiens qui mettraient par écrit vos exploits. Je ne parle pas des miens, je sais qu'ils ne passent pas ma petite qualité d'écuyer; quoique, si l'on parle des écuyers dans les histoires de chevalerie, j'espère y tenir ma place. — Ce que tu dis là, Sancho, ne manque pas de raison; mais avant d'arriver à ce point, il est nécessaire d'avoir un peu couru le monde en cherchant les aventures, afin d'avoir acquis de la gloire.

CHAPITRE XV

COMMENT DON QUICHOTTE MIT EN LIBERTÉ PLUSIEURS INFORTUNÉS QUE L'ON CONDUISAIT DANS UN LIEU OU ILS NE VOULAIENT POINT ALLER

LS en étaient là lorsqu'en levant les yeux ils aperçurent dans le grand chemin une douzaine d'hommes à pied, attachés ensemble, comme des grains de chapelet, par une longue chaîne de fer, et tous ayant les menottes; ils étaient conduits par deux cavaliers armés d'escopettes, et deux fantassins armés de lances. « Voici, dit Sancho, la chaîne des forçats que l'on mène aux galères du roi. — Comment, des forçats! s'écria don Quichotte; est-il possible que le roi force ses sujets à ramer? — Je vous dis, reprit l'écuyer, que ces gens-là sont condamnés, pour leurs délits, à servir sur les galères. — Ils n'y vont donc pas de bon gré? — Non, assurément. — Cela me suffit : je n'oublie point ce que ma profession m'ordonne. »

Don Quichotte s'avance alors, et demande, avec beaucoup de politesse, à ceux qui conduisaient la chaîne, de vouloir bien lui dire pourquoi l'on menait ainsi ces malheureux. Un des cavaliers, touché de sa courtoisie, lui répondit : « Nous avons bien avec nous la sentence de chacun de ces misérables, mais il n'est guère possible de vous faire lire tous ces arrêts; si Votre Seigneurie veut s'informer à eux-mêmes de ce qu'elle désire savoir, ils sont bavards de leur

métier, et ne demanderont pas mieux que de vous en instruire. » Avec cette permission, que
notre héros aurait prise quand même on la lui aurait refusée, il s'approcha des galériens, et
demanda au premier pour quelle faute il allait aux galères.

« Hélas! répondit celui-ci, c'est pour avoir aimé. — Pour cela seul? reprit don Quichotte.
— Oui, monsieur, ajouta le forçat; j'aimais une bourse d'or qu'un vieux avare tenait renfermée;
je l'enlevai, je fus pris avec la bourse dans les mains; il fallut employer la force pour me
l'arracher, tant elle était chère à mon cœur. La justice arrangea l'affaire en me faisant donner
cent coups de fouet sur les épaules, et m'envoyant servir trois ans dans la marine royale. — Et
vous, mon ami, dit don Quichotte au second, qui marchait la tête baissée avec l'air du repentir.
— Monsieur, répondit celui-ci, je vais aux galères pour avoir été trop franc. — Comment, trop
franc! Mais la franchise est une vertu que tout honnête homme doit honorer. — Eh bien! les
juges d'à présent n'ont point de honte de la punir : ils m'ont interrogé sur quelques bestiaux
enlevés, m'ont fait les questions les plus malhonnêtes, qu'ils ont accompagnées de menaces
grossières. Je leur ai dit avec candeur que c'était moi qui avais trouvé ces troupeaux errants
dans la campagne, et que, par une suite de mon goût pour la vie pastorale, je les avais
recueillis. Cet aveu simple et naïf m'a fait condamner à deux cents coups de fouet et à six ans
de galères. »

Don Quichotte interrogea le troisième, qui lui répondit gaiement : « Je suis ici, monsieur,
faute de dix ducats. — J'en donnerais vingt pour vous en retirer. — Oh! vraiment; c'est quand
l'enfant est baptisé qu'il nous arrive des parrains. Si dans le temps du procès j'avais pu faire
couler un peu d'or dans la poche du rapporteur, dans l'écritoire du greffier, je serais à présent
à me divertir et à mener joyeuse vie. Mais à la garde de Dieu! la patience vient à bout de tout. »
Son camarade était un vieillard dont la barbe blanche passait la poitrine; il ne répondit à don
Quichotte que par des larmes; celui qui le suivait parla pour lui.

« Ce vénérable personnage, dit-il, va aux galères pour s'être mêlé de magie.—Ah! monsieur,
s'écria le vieillard, si j'avais été sorcier, j'aurais deviné sûrement le voyage que je fais aujour-
d'hui. » En disant ces paroles, il se remit à pleurer; et Sancho, tout attendri, lui fit une petite
aumône.

Don Quichotte continua ses questions. Le galérien qui suivait était un homme de trente ans
à peu près, d'une assez belle figure, quoiqu'il fût bigle, attaché avec beaucoup plus de soin que
les autres; il avait aux pieds une forte chaîne, qui revenait lui faire le tour du corps, deux
carcans au cou, dont l'un soutenait la chaîne, dont l'autre portait deux branches de fer qui
descendaient à sa ceinture, où ses mains étaient prises par des menottes fermées de gros

cadenas, de sorte qu'il ne pouvait ni porter ses mains à sa tête ni baisser sa tête à ses mains. Don Quichotte demanda pourquoi tant de chaînes. « C'est que ce misérable, répondit un des gardes, est plus coupable lui seul que tous les autres ensemble; il est avec cela si adroit, si fourbe, si audacieux, que, même dans l'état où il est, nous craignons qu'il ne nous échappe. — Comment se fait-il, reprit don Quichotte, que tant de crimes ne l'aient mené qu'aux galères? — Il y est pour dix ans, répliqua le garde, ce qui est comme la mort civile. Vous devez le connaître de réputation; c'est le fameux Ginès de Passamont, autrement surnommé Ginésille de Parapilla. — Monsieur le commissaire, dit alors le galérien, ne plaisantons point, s'il vous plaît, et ne parlez pas de mes surnoms; vous auriez trop d'avantage, car je n'oserais vous dire les vôtres. Et vous, monsieur le chevalier, si vous voulez nous donner quelque chose, dépêchez-vous, et ne perdez plus votre temps à écouter ainsi notre histoire. Quand il vous plaira de connaître la mienne, vous pourrez la lire, je l'ai écrite; et j'ose vous assurer qu'elle vous amusera plus que la plupart de nos romans modernes. — Est-elle achevée? demanda don Quichotte. — Non, puisque me voici encore; mais elle va depuis ma naissance jusqu'à la dernière fois que j'ai été aux galères. — Celle-ci n'est donc pas la première? — Bah! j'ai déjà fait quatre campagnes sur mer pour le service de Sa Majesté Catholique. Je ne suis point du tout fâché d'y retourner : en vérité, il n'y a que là que l'on jouisse un peu de soi-même, que l'on ait le loisir de mettre en ordre ses idées, et de cultiver les belles-lettres. — Vous me paraissez homme d'esprit. — Si j'étais un sot, je serais heureux.

— Cela me suffit, dit don Quichotte en élevant la voix. D'après tout ce que je viens d'entendre, il est clair, mes frères, que, quoique vous alliez aux galères pour le châtiment de vos fautes, cependant vous n'y allez pas avec plaisir et de bonne volonté; d'ailleurs, il n'est que trop commun que le manque d'argent, le peu de crédit, la passion ou la sottise des juges fassent condamner l'innocence. Après avoir réfléchi mûrement à votre situation, je pense que je ne puis m'empêcher d'exercer à votre égard le premier des devoirs de la chevalerie, celui de secourir les opprimés. Mais comme la sagesse prescrit d'employer toujours la douceur et la raison avant d'en venir à la force, j'ai l'honneur de vous prier, messieurs les commissaires et gardes, de vouloir bien ôter leurs fers à ces malheureux, et les laisser aller en paix. Dieu et la nature les ont faits libres; personne au monde n'a droit d'attenter à cette liberté. Jamais ces pauvres gens ne vous offensèrent; il est peu digne de vous d'exercer les vengeances d'autrui; laissez au Tout-Puissant le soin de punir les faiblesses inséparables de l'humanité. Je vous renouvelle donc ma prière, avec la politesse, avec les égards que je vous dois; je me plais à vous assurer de ma reconnaissance si vous m'accordez ce que je vous demande; si vous vous y refusez, j'aurai bien du regret, messieurs, d'être forcé de vous y contraindre.

— La plaisanterie n'est pas mauvaise, répondit le commissaire en riant, et vous savez la prolonger avec sang-froid. De bonne foi! vous voulez que nous mettions en liberté la chaîne des galériens? Allez, monsieur, continuez votre route, redressez le plat à barbe que vous avez sur la tête, et, croyez-moi, ne cherchez pas à compter les poils du chat. — C'est vous qui êtes un chat, un rat et un maraud, » répond don Quichotte. Aussitôt, d'un coup de lance il le jette par terre lui et son escopette. Les autres gardes, surpris, mettent l'épée à la main, et viennent attaquer notre héros; mais les galériens, profitant de l'occasion, se mettent à briser leurs chaînes. Les gardes, forcés de courir à leurs prisonniers et de se défendre contre don Quichotte, n'avaient pas assez de leurs bras. Sancho aidait Ginès de Passamont à se débarrasser de ses fers. Passamont fut le premier libre : il saute sur le commissaire étendu par terre, lui prend son épée et son escopette; alors, ajustant les gardes l'un après l'autre sans tirer, il les met bientôt en fuite, à travers une grêle de pierres que leur lançaient les autres galériens.

La victoire était complète; mais Sancho n'était pas trop content. Il dit à son maître que les fuyards allaient sûrement chercher la Sainte-Hermandad, qu'il n'y avait pas un moment à perdre pour se retirer et se cacher dans les montagnes voisines. Don Quichotte avait un autre projet : il appelle tous les galériens, occupés de dépouiller le commissaire, qu'ils laissèrent en chemise. Notre chevalier les rassemble en cercle; et, les regardant avec gravité : « Messieurs, dit-il, la reconnaissance est de toutes les vertus la plus chère aux âmes bien nées. Vous venez de voir ce que j'ai fait pour vous, je ne doute point qu'à votre tour vous ne désiriez faire quelque chose pour moi. Je vous demande de vouloir bien reprendre les chaînes que je vous ai ôtées, et, dans cet état, de vous en aller à la ville du Toboso vous présenter devant madame Dulcinée. Vous lui direz que l'esclave de sa beauté, le chevalier de la Triste Figure, se recommande à son souvenir; vous lui conterez de point en point comment j'ai brisé vos fers; et vous serez libres ensuite d'aller où bon vous semblera.

— Seigneur chevalier, notre libérateur, répondit au nom de tous Ginès de Passamont, ce que vous demandez n'est pas raisonnable, puisque, si nous allions ensemble sur les chemins, nous serions sûrement repris par la Sainte-Hermandad, à qui nous ne pouvons espérer d'échapper qu'en nous dispersant et nous cachant. Nous prions Votre Seigneurie de vouloir bien changer cette ambassade à madame Dulcinée du Toboso contre un certain nombre d'*Ave Maria* dits à l'intention de cette belle dame. Nous serons très exacts à prier pour elle, parce que cela se peut faire en tout temps et en tout lieu; mais imaginer que nous allions retourner aux oignons d'Égypte, c'est-à-dire reprendre nos fers, cela est aussi impossible que de cueillir

des poires sur cet ormeau. — Pardieu! s'écria don Quichotte en colère, don Ginésille de Parapilla, vous irez tout seul, vous qui parlez, chargé de votre belle chaîne. »

Passamont n'était point patient. Il fit un signe à ses compagnons, qui, s'éloignant aussitôt,
firent pleuvoir tant de pierres sur don Quichotte, que son bouclier ne pouvait suffire à l'en
garantir. Rossinante ne remuait non plus qu'une souche. Sancho s'était mis à l'abri derrière
son âne. Le malheureux chevalier fut atteint et renversé. Dans l'instant, les galériens fondent
sur lui, lui ôtent le bassin à barbe, dont ils lui donnent cinq ou six coups sur les épaules, le
jettent contre la terre, et dépouillent notre héros d'une casaque qu'il portait sur ses armes. Ils
auraient pris jusqu'à ses chausses, si les cuissards ne les en eussent empêchés. Sancho en fut
quitte pour son manteau. Après s'être partagé le butin, les galériens s'échappèrent par diverses
routes, plus occupés de fuir la Sainte-Hermandad que d'aller trouver madame Dulcinée. Don
Quichotte et Rossinante restèrent couchés l'un auprès de l'autre, tandis que Sancho, ramassé
en boule, tremblait de toutes ses forces entre les jambes de son âne, qui baissait tristement la
tête et secouait les oreilles, croyant toujours entendre siffler les pierres.

CHAPITRE XVI

DES CHOSES EXTRAORDINAIRES QUI ARRIVÈRENT A NOTRE CHEVALIER
DANS LA SIERRA-MORENA

ON Quichotte, se voyant ainsi payé de ses bienfaits, s'écria : « Sancho, l'on a
raison de dire que jamais on ne gagne rien à obliger des méchants. J'aurais dû
suivre ton conseil : à l'avenir, je serai plus sage. — Vous, monsieur? répondit
l'écuyer, vous serez plus sage quand je serai Turc. Mais, puisque vous regrettez
de n'avoir pas écouté mes avis, écoutez-les donc à présent. Décampons vite, croyez-moi; car je
vous avertis que toutes vos chevaleries ne seraient pas d'un grand profit avec la Sainte-
Hermandad. Elle ne donnerait pas deux maravédis de tous les chevaliers errants du monde;
et je crois déjà entendre ses flèches à mes oreilles. — Mon pauvre Sancho, tu es naturellement
poltron; mais, pour que tu ne me reproches point d'être opiniâtre, je veux bien faire ce que tu
désires, pourvu que, dans tout le cours de ta vie, et même à l'instant de ta mort (prends bien
garde à cette condition), il ne t'arrive jamais de dire que je me suis éloigné par le moindre

7

sentiment de peur. Si tu le dis, Sancho, tu as menti, tu mens, tu mentiras. Le seul soupçon que la pensée pourrait t'en venir me ferait rester ici pour attendre, pour défier, non seulement cette Sainte-Hermandad, si redoutable pour toi, mais toute l'Hermandad des douze tribus d'Israël. — Monsieur, se retirer n'est pas fuir, comme s'exposer de gaieté de cœur à un danger inutile n'est pas raisonnable. Ma caboche, qui ne me trompe guère, m'avertit que vous ferez fort bien de remonter sur Rossinante et de me suivre le mieux que vous pourrez. »

Don Quichotte obéit sans répliquer. Sancho, qui marchait devant sur son âne, entra dans la Sierra-Morena, avec le projet de s'y cacher quelques jours. Ce qui donnait un peu de courage à notre écuyer, c'est que le sac de provisions avait échappé, comme par miracle, aux recherches des galériens. Certains d'avoir de quoi vivre, nos voyageurs pénétrèrent jusqu'au milieu des montagnes, et ne s'arrêtèrent qu'à la nuit. Arrivés au pied d'un rocher, il s'endormirent sous de grands lièges. Mais le destin qui les poursuivait amena justement dans le même lieu Ginès de Passamont, ce fameux voleur délivré des galères par don Quichotte, et qui avait aussi ses raisons pour craindre la Sainte-Hermandad. Passamont trouva nos héros ensevelis dans un profond sommeil; et, comme la reconnaissance n'était pas la vertu qu'il pratiquait le plus, il ne se fit aucun scrupule de voler l'âne de Sancho, qui lui parut beaucoup meilleur que Rossinante. L'aurore brillait à peine que l'écuyer, se réveillant, s'aperçut qu'il n'avait plus son âne, et se mit à jeter des cris entremêlés de sanglots. « O mon fidèle ami! disait-il, et le bien-aimé de mon cœur! toi qui naquis dans ma maison, toi qui ne m'as pas quitté d'un instant, et dont l'enfance et la jeunesse me coûtèrent de si tendres soins, je ne te verrai donc plus! je t'ai donc perdu pour jamais! Eh! comment oser revenir sans toi dans l'asile où nous vivions ensemble? comment oser reparaître devant ma femme, dont tu étais le favori; mes enfants, dont tu faisais la joie; mes voisins, qui te regardaient tous d'un œil d'envie? O mon âne, mon âne chéri! sans toi la vie ne m'est plus rien. Hélas! toi seul la soutenais, puisque avec vingt-six maravédis que tu gagnais chaque jour tu payais presque ma dépense. Ah! je n'en aurai plus besoin : je t'ai perdu, je vais mourir. »

Don Quichotte, éveillé par ces plaintes, consola Sancho de son mieux, lui fit un beau discours moral sur les accidents de la vie; mais il ne put sécher ses larmes qu'en lui promettant de lui donner trois ânons, de cinq qu'il avait chez lui.

L'écuyer, encore sanglotant, remercia son maître de sa bonté, puis se mit à le suivre tristement à pied, portant le sac de provisions, qu'il avait encore heureusement sauvé, et dont il tirait quelques bribes en poussant de gros soupirs. Don Quichotte marchait au pas, et s'enfonçait de plus en plus dans la montagne, en se réjouissant de ne voir autour de lui que des rochers, des déserts, et se rappelant avec délices tout ce qui était arrivé aux chevaliers dans de pareilles solitudes. Tout à coup Sancho l'aperçoit soulevant avec la pointe de sa lance une valise à demi pourrie, restée au milieu du chemin. L'écuyer accourut pour l'aider à lever cette valise; et, comme elle était déchirée, il en tire, malgré la chaîne et le cadenas qui la fermait, quatre chemises de toile de Hollande, d'autre linge extrêmement fin, avec un mouchoir plié, dans lequel Sancho découvrit un assez gros monceau d'écus d'or. « Ah! béni soit Dieu! s'écria-t-il enfin, voici une aventure comme je les aime! » En disant ces mots, sans s'amuser à compter les écus, il visita de nouveau la valise; mais il n'y trouva plus rien que des tablettes richement garnies. Don Quichotte se réserva ces tablettes, en abandonnant les écus à Sancho, qui vint lui baiser la main, et serra tout ce qu'il avait pris.

« Ami, lui dit notre héros, ceci appartenait sans doute à quelque malheureux voyageur que des voleurs auront assassiné. — Non, monsieur, répondit Sancho, les voleurs n'auraient pas laissé ces beaux écus d'or qui sont dans ma poche. Ah! si j'avais encore mon âne, que je serais donc joyeux! »

CHAPITRE XVII

COMMENT LE VAILLANT CHEVALIER DE LA MANCHE IMITA LE BEAU TÉNÉBREUX

OTRE héros s'enfonça dans le plus fort de la montagne. Tout à coup il se retourna vers Sancho et lui dit : « Mon fils, je vais exécuter un projet sublime, qui seul doit m'acquérir plus de gloire que n'en ont jamais obtenu les chevaliers les plus renommés. — Dans ce projet-là, monsieur, courez-vous de grands dangers? — Cela dépendra de ta diligence, et du plus ou moins de temps que tu mettras à l'ambassade dont je prétends t'honorer. Approche, tu vas tout savoir.

« Tu n'ignores pas, mon ami, que le fameux Amadis de Gaule fut peut-être le plus parfait des chevaliers errants du monde : j'ai tort de dire peut-être; il fut le premier, l'unique, le prince de ceux qui ont existé. Dans tous les arts, dans tous les emplois, on choisit toujours pour modèle celui qui s'est le plus illustré dans cet art ou dans cet emploi : c'est donc Amadis que doivent imiter tous ceux qui combattent sous la bannière de la chevalerie. Une des plus belles actions d'Amadis, celle qui prouva le mieux son courage et sa constance, ce fut quand il eut le malheur de déplaire à la belle Oriane, de se retirer sur la Roche pauvre, où il vécut longtemps dans la pénitence sous le nom significatif du *beau Ténébreux*. Il m'est plus facile d'imiter cette pénitence du grand Amadis que de fendre comme lui des géants, de tuer des monstres, de mettre en fuite des armées; aussi vais-je profiter pour cela de l'heureuse occasion qui m'amène dans un désert aussi commode que celui-ci.

« — Je ne vous comprends pas bien, reprit Sancho; qu'est-ce donc que vous voulez faire? — Imiter Amadis, et peut-être Roland, qui, se croyant abandonné de sa dame, arracha les arbres, troubla les fontaines, tua les troupeaux, mit le feu aux maisons, et devint tout à fait fou; ce qui lui fit beaucoup d'honneur. — Mais vous avez dit, ce me semble, que ces deux messieurs avaient des raisons pour faire ces belles choses; je ne vois pas que vous en ayez : soupçonnez-vous que madame Dulcinée vous ait abandonné? — Non; et voilà justement en quoi j'aurai bien plus de mérite. Qu'un chevalier devienne fou par un motif raisonnable, on ne peut guère lui en savoir gré; mais qu'à propos de rien, sans le moindre sujet, la tête lui tourne tout d'un coup, tu sens, mon ami, combien c'est glorieux et agréable pour sa dame, qui juge par là de ce qu'il saurait faire dans une véritable occasion; d'ailleurs, la seule absence de Dulcinée est un suffisant prétexte. C'en est fait, Sancho, je suis fou; oui, mon cher enfant, je veux être fou, et je le serai jusqu'à la réponse d'une lettre que tu vas porter de ma part à madame Dulcinée. Si cette réponse est telle que je la désire, je reprendrai ma raison pour mieux sentir ma félicité; dans le cas contraire, je garderai mon délire pour diminuer ma douleur. Tu vois que, dans tous les cas, l'affaire est excellente, et que je ne peux qu'y gagner. »

En parlant ainsi, don Quichotte se trouvait au pied d'une haute montagne qui, séparée des autres, s'élevait seule dans une prairie arrosée par un ruisseau. La fraîcheur de l'eau courante, la beauté de la verdure émaillée de fleurs sauvages, quelques bouquets d'arbres plantés çà et là, engagèrent notre chevalier à choisir cet adorable endroit pour y faire sa pénitence. « Le voici, s'écria-t-il en promenant des yeux attendris sur tous les objets qu'il apercevait, le voici l'asile solitaire où je veux soupirer! voilà le ruisseau limpide dont mes larmes augmenteront les flots! O Dulcinée du Toboso, regarde l'état affreux où ton absence me réduit! Et toi, mon fidèle écuyer, toi, le compagnon de ma gloire, n'oublie, n'oublie rien de ce que tu vas me voir faire, afin de le raconter à celle qui cause mes maux. »

Don Quichotte, à ces paroles, descend de cheval, ôte la bride et la selle à Rossinante; et, le frappant de la main sur la croupe : « Reçois, dit-il, cette liberté dont ton maître ne jouit pas; je ne retiens plus ton ardeur, coursier aussi doux que terrible, toi qui portes écrit sur ton front que tu surpasses en légèreté et le renommé Frontin et l'hippogriffe d'Astolphe.

« — Si mon pauvre âne était encore à moi, interrompit alors Sancho, j'aurais, en lui ôtant son bât, d'assez belles choses à lui dire, quoique dans le fait il n'eût rien à voir à ceci. Mais au surplus, seigneur chevalier de la Triste Figure, si vous êtes fou tout de bon, et que vous vouliez que je parte, Rossinante pourrait fort bien suppléer au défaut de mon âne : j'irais et reviendrais plus vite, car je suis un fort mauvais piéton. — Je ne m'y oppose point, répond don Quichotte; je désire seulement que tu ne te mettes en route que dans trois jours, afin que tu puisses voir et raconter à Dulcinée toutes les folies que je sais faire quand je m'y mets. — Oh! monsieur, j'en ai assez vu. — Tu n'y es pas, mon pauvre ami. Je vais d'abord déchirer mes vêtements, jeter çà et là mes armes, me précipiter la tête la première sur les rochers, ensuite..... — Prenez-y garde; je vois ici tel rocher qui finira sur-le-champ votre pénitence. Écoutez : s'il est absolument nécessaire que vous fassiez de pareilles culbutes, je serais d'avis que ce fût dans l'eau, ou sur du sable doux comme coton, et rapportez-vous-en à moi pour dire ensuite à madame que c'était contre des rochers plus durs que du diamant. — Non, Sancho, les lois de la chevalerie ne permettent point ces mensonges. — Oh bien! je me les permets; et, croyez-moi, monsieur, imaginez que les trois jours sont passés; écrivez promptement à madame, sans oublier la lettre de change des trois ânons que vous m'avez promis. Donnez-moi le tout; je cours ventre à terre au Toboso; je parle à madame Dulcinée; je lui raconte des merveilles de votre pénitence; et je reviens, léger comme un oiseau, tirer Votre Seigneurie de son purgatoire. — Je n'ai point ici de papier; mais je vais écrire ma lettre sur les tablettes que nous avons trouvées. Tu la feras transcrire au premier village par le maître d'école ou le sacristain. Peu importe qu'elle soit d'une autre main que la mienne : d'abord, autant qu'il m'en souvient, Dulcinée ne sait pas lire; ensuite, je puis te répondre qu'elle ne connaît pas mon écriture. Depuis douze ans qu'elle m'est plus chère que la lumière des cieux, je ne l'ai pas vue quatre fois, et j'ose assurer que de ces quatre fois elle ne s'est pas aperçue une seule que je l'aie regardée, tant est sévère la retenue dans laquelle l'ont élevée Laurent Corchuelo, son père, et sa mère, Aldonza Nogalès! — Comment! que dites-vous donc, monsieur? Quoi! madame Dulcinée est Aldonza Laurenzo, la fille de Laurent Corchuelo? — Oui, sans doute. — Oh! je la connais, je la connais parfaitement. Diable! c'est un fier brin de fille, qui vous jette une barre aussi bien que le plus fort garçon du village. Vive Dieu! c'est une gaillarde qui a de la barbe, et qui pourrait faire le coup de poing avec tous les chevaliers errants de la terre. Je me souviens que certain jour elle monta au haut du clocher pour appeler les ouvriers de son père qui travaillaient à une demi-lieue de là; ils entendirent sa voix comme s'ils avaient été à une toise. Jarnibleu! quels soufflets elle donne quand on veut jouer avec elle! Il me tarde déjà d'être en route; je serai charmé de la revoir. Je la trouverai sûrement un peu noire, car elle est toujours au soleil. Mais que j'étais donc imbécile! j'imaginais que cette madame Dulcinée était une grande princesse dont vous étiez amoureux, et qui méritait de voir à ses pieds le Biscaïen, les galériens, tous les autres que vous avez vaincus. Pardi! monsieur, s'il y ont été, ils ont dû trouver Aldonza Laurenzo tillant du chanvre ou battant du blé; cela doit leur avoir paru drôle, et je crois qu'elle en a bien ri.

« — Sancho, reprit don Quichotte d'une voix calme mais sévère, je vous ai déjà dit une grande vérité, que vous perdez trop souvent de vue : c'est que vous êtes un sot excessivement babillard. Quand on se mêle, comme vous, de faire le raisonneur, on devrait savoir que deux seules choses méritent de nous l'amour : la sagesse et la beauté. Dulcinée les possède au plus haut degré. Qu'importent sa naissance et son rang? Je la respecte, je la chéris autant que si elle était la première princesse du monde. — Vous avez raison, monsieur; et je conviens du fond de mon cœur que près de vous je ne suis qu'un âne. Hélas, mon Dieu! en prononçant ce nom, je ne puis m'empêcher de soupirer et de songer que j'ai perdu mon fidèle compagnon, que votre bonté daigna me promettre de remplacer par trois autres. »

Don Quichotte, sans lui répondre, s'éloigna de quelques pas, tira ses tablettes et fit sa lettre pour Dulcinée. Lorsqu'il l'eut achevée, il appela son écuyer, afin qu'il l'apprît par cœur. « N'espérez point cela, lui dit Sancho, j'ai une trop mauvaise mémoire; mais lisez-moi toujours cette lettre pour ma seule satisfaction, parce que je suis sûr qu'elle est bonne. — La voici, reprit don Quichotte :

« Haute et souveraine dame,

« Celui qui languit loin de vous, celui dont le cœur, profondément blessé, souffre et chérit
« ses souffrances, vous souhaite, douce Dulcinée, le repos qu'il a perdu. Si votre beauté me
« dédaigne, si votre fierté me rebute, je succomberai, malgré ma constance, sous le poids de
« mes douleurs. Mon fidèle écuyer, Sancho, vous rendra compte, ennemie adorée, de l'affreux
« état où je suis réduit. Mes tristes jours sont à vous; un mot peut les conserver, un mot aussi
« peut les finir. Commandez, il me sera doux de satisfaire votre cruauté.

« Le vôtre jusqu'à la mort,

« Chevalier de la TRISTE FIGURE. »

« — Par la vie de mon père! s'écria Sancho, je n'ai jamais rien entendu de pareil. Mardi! monsieur, comme vous savez dire tout ce que vous voulez, et comme vous avez bien encadré là-dedans votre *Chevalier de la Triste Figure :* vous êtes un diable pour l'esprit. Ah çà, n'oubliez pas, à présent, d'écrire sur une autre feuille la lettre de change des trois ânons, et signez-la d'une manière moins gentille, mais plus claire. » Don Quichotte écrivit aussitôt :

« Madame ma nièce, vous payerez comptant, par cette première de change, à mon écuyer,
« Sancho Pança, valeur reçue de lui, trois ânons de cinq que j'ai laissés sous votre garde;
« lesquels vous seront alloués dans vos comptes, en me représentant la quittance dudit
« Sancho.
    « Fait au milieu des montagnes de la Sierra-Morena, ce 22 août de la présente année.»

« — C'est à merveille, dit Sancho; mettez là votre parafe, et je vais seller Rossinante. — Attends, attends, reprit don Quichotte; je désire qu'au moins tu me voies tout nu; et je ne te demande que quelques minutes pour faire devant toi une douzaine de folies dont tu pourras parler comme témoin. — Oh! non, monsieur, je vous en prie, que je ne vous voie pas tout nu! je serais sûr de me mettre à pleurer; et, j'ai déjà tant pleuré mon âne, que mes pauvres yeux n'y pourraient suffire. Laissez-moi partir, j'en serai plus tôt de retour, et je vous promets de vous rapporter une réponse favorable. Mais, à propos, de quoi vivrez-vous jusqu'à mon retour? — Ne t'en inquiète point, Sancho; l'herbe de ces prés, les fruits de ces arbres suffiront à ma nourriture; j'espère même ne rien manger du tout, ce qui serait encore mieux. Je suis plus occupé de la crainte que tu ne puisses pas me retrouver dans ces déserts; et je te conseille, pour ne pas te perdre, de couper des branches de genêt, que tu sèmeras sur la route jusqu'à l'entrée des montagnes; elles te guideront quand tu reviendras. »

Sancho approuva cet expédient. Il se munit d'un faisceau de genêts, demanda la bénédiction de son maître; et, montant sur Rossinante, dont notre chevalier lui recommanda de prendre les plus grands soins, il se mit aussitôt en route. Mais il n'avait pas fait cent pas qu'il revint précipitamment : « Vous aviez raison, dit-il, je pense qu'il est nécessaire que je voie quelques-unes de vos folies, pour les affirmer en sûreté de conscience... » Don Quichotte, qui ne demandait pas mieux, se déshabilla dans l'instant, ôta jusqu'à ses caleçons, ne garda que sa chemise, et fit ensuite deux sauts en l'air avec deux culbutes la tête en bas. Sancho n'en voulut pas voir davantage; il tourna bride en fermant les yeux, et reprit vite son chemin.

CHAPITRE XVIII

E chevalier de la Triste Figure, demeuré seul et en chemise, interrompit ses culbutes pour monter sur le haut d'une roche. Là, il réfléchit mûrement sur un point qui l'embarrassait. « Examinons bien, disait-il en lui-même, si je dois prendre le parti de me déclarer fou furieux, comme Roland, ou fou triste, comme Amadis. Ces deux modèles sont également beaux à suivre; mais, réflexion faite, je préfère Amadis. Vive, vive le grand Amadis! Revenez dans ma mémoire, actions sublimes et touchantes de ce phénix des chevaliers : c'est lui que Quichotte imitera. »

Il descendit alors du rocher, reprit une partie de ses vêtements; et, se rappelant que la prière occupait souvent Amadis, il se fit, avec des glands enfilés, une espèce de rosaire, qu'il disait avec dévotion. Le reste du temps il se promenait dans le pré, s'entretenait avec ses pensées, faisait des vers qu'il écrivait sur les hêtres ou sur le sable du ruisseau.

Tandis qu'il célébrait ainsi sa dame et qu'il se nourrissait d'herbes sauvages, Sancho poursuivait son chemin. Si malheureusement ce voyage avait été de trois semaines, comme il ne fut que de trois jours, le fidèle écuyer risquait de ne pas retrouver son maître en vie; mais vingt-quatre heures après l'avoir quitté, Sancho arriva pour dîner à la fatale hôtellerie où l'on s'était amusé à le faire sauter dans la couverture. Dès qu'il l'aperçut, il lui prit un frisson; cependant, comme il avait faim, il s'arrêta malgré lui, regardant de côté la porte, et ne sachant s'il devait entrer. A l'instant même il en sortit deux hommes, dont l'un dit à l'autre: « Seigneur licencié, n'est-ce point là Sancho Pança, celui que la gouvernante nous a dit avoir suivi notre aventurier? — C'est lui-même, répond l'ecclésiastique; et je reconnais le cheval de don Quichotte. »

Aussitôt le curé et le barbier, car c'étaient eux, s'approchèrent de notre voyageur. « Ami Sancho, dit le curé, qu'avez-vous fait de votre maître? — Monsieur, répondit l'écuyer, qui les reconnut aussi, mon maître est dans un certain lieu, occupé de certaines choses fort importantes, et que, sur les yeux de ma tête, j'ai promis de ne point révéler. — Oh! s'écria le barbier, si monsieur Sancho fait tant le discret, nous serons persuadés qu'il a volé le seigneur don Quichotte, et qu'il lui a pris jusqu'à son cheval que voilà. — Monsieur, monsieur, répliqua l'écuyer, ne soyez pas si léger dans vos jugements et dans vos propos : je n'ai jamais volé personne, et je souhaite que tout le monde en puisse dire autant. Mon maître, au fond de ces montagnes, accomplit une pénitence; et moi, comme son ambassadeur, je vais porter une lettre de lui à madame Dulcinée du Toboso, fille de Laurent Corchuelo. Maître Nicolas et le curé, surpris de cette nouvelle folie, demandèrent à voir cette lettre. Sancho leur dit qu'elle était sur des tablettes, et que son maître lui avait ordonné de la faire transcrire au premier village. Le curé s'offrit pour la copier. Sancho descendit alors de cheval, et mit la main dans son sein pour en tirer les tablettes, qu'il n'avait garde d'y trouver, puisqu'il les avait oubliées. Inquiet, troublé, pâle de frayeur, Sancho tourne, retourne ses poches, se tâte par tout le corps, et, prenant ensuite sa barbe à deux mains, s'en arrache la moitié, se donne cinq ou six soufflets et s'égratigne le visage. « Qu'avez-vous donc? s'écria le curé. — Ce que j'ai? répondit-il : ah, malheureux que je suis! je viens de perdre en un moment trois superbes ânons, dont chacun valait une métairie. — Comment! répliqua le barbier, ces ânons étaient dans vos poches? — Sans doute, puisqu'ils étaient dans une lettre de change signée de mon maître, portant l'ordre à sa nièce de me donner trois ânons de quatre ou cinq qu'il a chez lui; cette lettre de change, avec l'épître pour madame Dulcinée, était dans les tablettes que j'ai perdues. »

Le curé consola Sancho, et lui promit qu'en retrouvant don Quichotte il lui ferait renouveler la lettre de change. Le bon écuyer, un peu rassuré, dit alors qu'il regrettait peu l'épître à madame Dulcinée, parce qu'il la savait presque par cœur. Le barbier le pria de la répéter, afin qu'ils pussent la mettre au net. Alors Sancho, se grattant la tête, se mit sur un pied, puis sur l'autre, regarda la terre, le ciel, se mangea la moitié d'un ongle, et finit par dire : Le diable s'en mêle! car je ne peux me rappeler que le commencement de la lettre, où il y avait *haute et souterraine dame*. — Vous voulez dire *souveraine*, reprit le barbier. — Oui, c'était *souveraine*, je m'en souviens. Ensuite il disait: *Celui dont le cœur est blessé vous souhaite, ennemie adorée, l'affreux état où il est réduit*. Il y avait après cela *des tristes jours*, et puis, *un seul mot*; et, après le *seul mot*, cela finissait par *votre, jusqu'à la mort, chevalier de la Triste Figure*. Voilà toute la lettre à peu près. »

8

Le barbier et le curé félicitèrent Sancho sur son heureuse mémoire, et lui firent répéter deux ou trois fois cette lettre, afin de la copier. Sancho la répéta de deux ou trois façons différentes, et raconta dans un grand détail tout ce qui lui était arrivé avec son maître, sans pourtant juger à propos de dire qu'il avait été berné dans cette même hôtellerie, où il refusa d'entrer.

Il ajouta qu'aussitôt après son ambassade à madame Dulcinée, son maître était décidé à s'aller faire empereur quelque part; que, quant à lui, son parti était pris, dès qu'il serait veuf, ce qui ne pouvait manquer d'être prochain, d'épouser une demoiselle de l'impératrice, qui lui apporterait en dot un bon duché en terre ferme, parce qu'il était revenu des îles, et qu'il ne s'en souciait plus. Sancho disait tout cela d'un si beau sang-froid, d'un ton si tranquille, en essuyant de temps en temps les égratignures qu'il s'était faites, que le curé et le barbier jugèrent fort inutile d'essayer de lui parler raison, et le regardèrent au moins comme aussi fou que son maître.

« Je vous fais d'avance mon compliment, reprit le curé; car je vois bien qu'avant peu le seigneur don Quichotte sera roi, ou tout au moins archevêque : alors... — Archevêque, interrompit l'écuyer, il ne m'en a point parlé; mais si cette fantaisie allait lui prendre, dites-moi ce que les archevêques errants ont coutume de donner à leurs écuyers. — Ordinairement ils les font jouir de quelque bénéfice simple, d'une bonne cure ou de quelque chapelle qui leur rapporte beaucoup, sans compter le casuel. — Diable! j'aimerais assez un bénéfice; mais pour le posséder il faut n'être pas marié, et savoir au moins servir la messe. Me voilà joli garçon, moi qui ai une femme, et qui ne sais rien! Oh, messieurs! je vous demande en grâce de détourner mon maître de ce projet, et de l'engager à se faire tout bonnement empereur. » Le barbier et le curé lui promirent d'en parler à don Quichotte.

« Mais, ajoutèrent-ils, nous devons nous occuper à présent de le tirer de son désert; nous réfléchirons là-dessus à table; venez avec nous dans l'auberge. — Non, répondit Sancho en détournant la tête; si cela vous est égal, je n'entrerai point dans cette auberge-là; je vous en dirai quelque jour les raisons. Vous pouvez m'envoyer ici mon dîner, avec un peu d'orge pour Rossinante. » On ne le pressa pas davantage, et le barbier lui fit porter à manger.

Le curé, pendant ce temps, songeait au moyen qui devait réussir auprès de don Quichotte pour le conduire où l'on voudrait : c'était de s'habiller en demoiselle errante, en se couvrant le visage d'un voile; de déguiser maître Nicolas en écuyer, et de s'en aller ainsi se jeter aux pieds de notre héros, en lui demandant un don. Après que ce don serait accordé, la demoiselle affligée devait le prier de venir avec elle pour la venger d'un chevalier félon, et le prierait de ne point exiger qu'elle ôtât son voile avant la fin de cette aventure. De cette manière on était certain de mener don Quichotte jusqu'à son village, où l'on essayerait de guérir son inconcevable folie.

CHAPITRE XIX

COMMENT L'ON VINT A BOUT DE FINIR L'AUSTÈRE PÉNITENCE DE NOTRE CHEVALIER

AITRE Nicolas applaudit à l'invention du curé, qu'il voulut exécuter sur l'heure. Il emprunta de la femme de l'aubergiste un corps de jupe avec une coiffe; quant à lui, pour se déguiser, il pensa qu'il lui suffisait de s'attacher au menton une barbe de queue de bœuf, extrêmement rousse et touffue, qui appartenait à l'hôte, et dont le barbier s'empara sans en demander la permission. L'hôtesse voulut savoir le motif de ces déguisements, et, d'après ce que lui dit le curé de la folie de don Quichotte, elle reconnut le chevalier du baume, et le maître de l'écuyer berné. Alors elle ne manqua pas de raconter tout ce qui s'était passé dans l'hôtellerie, sans oublier l'aventure que Sancho prenait tant de soins de cacher. Tout en parlant elle aidait le curé à s'habiller en demoiselle, l'affublait d'un jupon de drap tailladé de larges bandes noires, et d'un corset de velours vert, galonné de satin blanc, qui semblaient avoir été faits depuis le règne du roi Wamba. Le curé ne voulut point de la coiffe; il mit seulement un petit bonnet de toile piquée avec lequel il couchait, le serra sur son front avec un long morceau de taffetas noir, dont une partie lui voilait le visage, et, par-dessus le tout enfonça son grand chapeau rabattu qui lui servait de parasol. Dans cet équipage, enveloppé dans son manteau, il monta sur sa mule à la manière des femmes. Le barbier monta sur la sienne, muni de sa longue barbe rousse; et tous deux prirent congé de l'aubergiste, de sa femme et de Maritorne, qui promit de dire un rosaire pour l'heureux succès de leur entreprise.

Sancho, qui les attendait en dehors, ne put s'empêcher de rire en les voyant. Ils l'instruisirent de leur projet, qu'ils lui présentèrent comme le seul moyen d'arracher don Quichotte à ses déserts, pour qu'il s'occupât sur-le-champ de devenir empereur et de récompenser son écuyer. Sancho les remercia, promit le secret, recommanda surtout au curé d'empêcher son maître de se faire archevêque, et prit avec eux la route de la Sierra-Morena. Ils arrivèrent le même soir à l'entrée des montagnes, où ils passèrent la nuit. Là le curé fit part à son ami le barbier d'un scrupule qui le tourmentait; il lui semblait qu'il était peu décent à un ecclésiastique d'aller ainsi déguisé en femme. D'après cette réflexion, il pria maître Nicolas de se charger du rôle de la demoiselle, en lui laissant celui de l'écuyer, dont sa gravité serait moins blessée. Maître Nicolas consentit au troc, remit au curé la grande barbe; et, ne voulant s'habiller en femme que lorsqu'il serait près d'arriver, il fit un paquet de la jupe et du beau corset de velours. Le lendemain matin ils poursuivirent leur route, sous la conduite de Sancho, et parvinrent enfin à l'endroit où les genêts coupés indiquaient le chemin. On fit halte pour tenir conseil : il fut décidé que Sancho irait en avant rendre compte à don Quichotte de son ambassade à Dulcinée; qu'il lui dirait que cette dame n'avait pu lui répondre que de bouche, par la raison qu'elle ne savait pas écrire; mais qu'elle ordonnait à son chevalier, sous peine de son indignation, de se rendre aussitôt près d'elle. Sancho promit de revenir instruire le curé des projets de son maître, et laissa ses deux compagnons dans une prairie ombragée de grands arbres et arrosée d'un ruisseau.

Pendant l'absence de Sancho, le curé et le barbier firent la rencontre d'une jeune dame nommée Dorothée, qui s'était égarée dans la Sierra Morena et qui consentit à jouer le rôle de la dame affligée.

Le curé céda sa mule à la jeune dame et résolut d'attendre à l'écart. Maître Nicolas monta sur la sienne avec la barbe de queue de bœuf.

Bientôt on entendit la voix de Sancho, qui, de retour de son message, et ne trouvant pas le curé au lieu désigné pour le rendez-vous, criait de toutes ses forces. Le barbier courut au-devant de lui. « Où êtes-vous donc? lui dit l'écuyer. Je viens de retrouver monseigneur don Quichotte dans un état digne de pitié : il est en chemise, maigre, jaune, blême, mourant de faim, mais soupirant toujours pour madame Dulcinée. J'ai eu beau lui répéter qu'elle lui commandait de revenir au Toboso, mon maître m'a répondu que certainement il ne reparaîtrait point devant elle avant d'avoir fait quelque action éclatante qui pût lui mériter sa grâce. Ma foi, voyez à le tirer de là promptement; car, pour peu qu'il y reste, il court de grands risques de n'être jamais empereur. »

Ils ne tardèrent pas à apercevoir, au milieu de rocs, don Quichotte debout, mais non couvert de ses armes. Dorothée en le voyant fit doubler le pas à son palefroi. Dès qu'elle fut près du chevalier, le barbier barbu descendit, et prit dans ses bras la princesse, qui sur-le-champ courut se mettre à deux genoux devant le héros de la Manche. Celui-ci fit de vains efforts pour la relever. « Non, valeu-

reux chevalier, dit-elle, je ne quitterai point cette situation, qui convient trop à mon infortune, avant
que votre courtoisie ait daigné m'accorder un don. J'ose lui répondre d'avance que cette faveur,
que je viens chercher des extrémités de la terre, ne pourra qu'ajouter encore à votre gloire
immortelle. — Très belle dame, lui dit don Quichotte, je suis irrévocablement décidé à ne
point vous écouter que vous ne soyez debout. — Cette résolution est triste pour moi, seigneur,
car je suis fermement résolue à ne pas me relever que je n'aie obtenu ce que je demande.
— Eh bien, madame, je vous l'octroie, pourvu cependant que vous n'exigiez rien qui soit
contraire aux intérêts de mon roi, de ma patrie et de ma dame. »

— Apprenez donc, chevalier magnanime, reprit alors Dorothée, ce que j'attends de votre
valeur. Je demande que dès ce moment vous m'accom-
pagniez partout où je voudrai vous conduire, et que
vous n'entrepreniez aucune aventure avant de m'avoir
vengée du traître qui, contre toutes les lois, a usurpé
mes États. — Madame, je confirme mon don : bannissez la sombre tristesse qui semble obscurcir vos
attraits, rappelez votre courage ; soyez sûre que dans
peu ce bras, si terrible aux méchants, vous rétablira
sur le trône de vos antiques et nobles aïeux. Et par-
tons à l'heure même : un moment perdu pour la gloire
ne se répare jamais. »

La princesse voulut alors baiser les mains de son chevalier : don Quichotte était trop poli
pour le souffrir, il l'embrassa de bonne grâce, donna l'ordre à Sancho de lui apporter ses
armes et de seller Rossinante. Sancho courut détacher les armes, qui étaient pendues au tronc
d'un chêne. Notre héros s'en revêtit, et voulut se mettre en route sur-le-champ. Le barbier,
toujours à genoux, n'osait ni parler ni se remuer, de peur que sa barbe, mal attachée, ne vînt
tout à coup à tomber. Dès qu'il vit don Quichotte à cheval, il se hâta d'aider à Dorothée à
remonter sur sa mule, et la suivit sur la sienne. Le seul Sancho marchait à pied, en donnant
de nouveaux soupirs à la mémoire de son âne.

Le curé, caché derrière des halliers, vit venir nos voyageurs, et prit un sentier qui allait
rejoindre plus loin le grand chemin ; justement il s'y trouva comme don Quichotte sortait
des montagnes. En apercevant notre héros, le curé feignit une grande surprise, s'arrêta, le
considéra quelque temps ; et tout à coup s'avança vers lui, les bras ouverts, en s'écriant : « Je
ne me trompe point, c'est vous, mon brave compatriote, don Quichotte de la Manche, l'appui,

le défenseur des opprimés, le miroir de la chevalerie, la fleur, la gloire des héros errants! »
Don Quichotte, étonné d'abord, finit par le reconnaître et voulut aussitôt descendre pour lui
céder son cheval. « Non, seigneur, dit le curé, que votre grandeur demeure sur la selle, c'est
là qu'elle travaille pour la renommée. Si le respect que vous témoignez pour ma qualité d'ecclésiastique engage quelqu'un de votre honorable compagnie à me recevoir en croupe, je
me trouverai trop heureux de suivre ainsi votre seigneurie. » A ces mots maître Nicolas, sans
attendre qu'on le lui dît, quitta promptement sa mule, et vint l'offrir à M. le curé, qui
l'accepta.

On continua de marcher. Don Quichotte voulut savoir comment M. le licencié se trouvait
sur cette route, seul, sans valet, sans monture, et dans ce léger équipage. « Par un événement
assez triste, répondit l'ecclésiastique : j'allais à Séville; le motif de mon voyage était de recevoir
une assez forte somme qu'un de mes parents m'envoie des Indes. Hier, à quelques lieues d'ici,
je fus attaqué par quatre voleurs, qui m'ont laissé dans ce bel état. Ce qu'il y a de plus
singulier, c'est qu'on m'a dit que ces voleurs étaient de certains galériens délivrés de leur
chaîne par un homme terrible, dont la vaillance vint à bout de les remettre en liberté, malgré
les gardes qui les conduisaient. Vous sentez comme moi, seigneur don Quichotte, que cet
homme-là sûrement était échappé de la maison des fous, ou bien un brigand lui-même,
puisqu'il emploie sa valeur à défendre, à protéger le crime, à remettre les loups au milieu des
brebis, à violer à la fois les lois, la justice et l'humanité; c'est à ce héros si utile aux coupe-
jarrets du royaume que je dois le plaisir de vous voir. »

Don Quichotte pendant ce discours changeait de couleur, se mordait les lèvres, et n'osait
répondre. Sancho, qui marchait près de lui, se mit à crier : « Monsieur le curé, ce ne fut pas
ma faute si mon maître mit en liberté ces gens-là : je l'avais bien averti que c'étaient tous des
coquins. — Sot que vous êtes, reprit don Quichotte, ne vous ai-je pas déjà dit qu'il est impossible
aux chevaliers errants de connaître précisément le plus ou moins de mérite des malheureux
qu'ils secourent? Je rencontre des gens enchaînés, je commence par briser leurs fers, voilà mon
devoir : le reste ne me regarde point; et ceux qui le trouvent mauvais, excepté M. le licencié,
dont j'honore le caractère, n'ont qu'à parler, je les défie. » En prononçant ces paroles il s'affermit
sur les étriers et mit sa lance en arrêt.

« Seigneur chevalier, lui dit Dorothée, daignez vous rappeler le don que votre bonté
m'accorda : vous ne pouvez entreprendre aucune aventure que vous ne m'ayez vengée. Calmez
ce généreux courroux; si M. le licencié s'était douté que votre bras invincible avait délivré ces
galériens, soyez sûr qu'il n'eût pas proféré les paroles indiscrètes qui lui sont échappées. — Je

me serais plutôt coupé la langue, interrompit le curé. — N'en parlons plus, madame, reprit don Quichotte; vous avez tout pouvoir sur moi, et je sais tenir mes serments.

Au même instant on vit sur la route un homme qui paraissait être un bohémien, monté sur un âne gris. Sancho, dont le cœur palpitait toujours dès qu'il apercevait un âne, eut à peine considéré celui-ci, qu'il crut reconnaître le sien. Ce qui confirma ce soupçon, c'est que le prétendu bohémien était Ginès de Passamont, le même qui l'avait volé dans la Sierra-Morena :
« Ah! coquin de Ginésille, lui cria notre écuyer, rends-moi mon bien, rends-moi ma vie, ce que j'ai de plus cher au monde, mon amour, ma seule joie; rends-moi mon âne, voleur! » Ginès, qui reconnut Sancho, et qui le vit si bien accompagné, ne se le fit pas dire deux fois; et sautant aussitôt par terre, il s'enfuit à travers les champs. Sancho était déjà près de son âne; il l'embrassait, il le baisait avec des larmes de tendresse : « Te voilà donc, lui disait-il, mon compagnon, mon ami! comment t'es-tu porté, mon enfant? comment as-tu pu vivre sans moi? ô le bien-aimé de mon cœur! » L'âne se laissait caresser sans répondre une seule parole. Tout le monde partagea la joie de Sancho, et don Quichotte l'assura qu'il n'en aurait pas moins les trois ânons donnés par la lettre de change. Quand les transports de l'écuyer furent calmés, son maître lui ordonna de marcher un peu en avant, parce qu'il voulait lui parler en particulier.

CHAPITRE XX

ENTRETIEN INTÉRESSANT DE DON QUICHOTTE ET DE SON ÉCUYER

UAND ils furent assez éloignés pour ne pouvoir être entendus, notre héros dit à Sancho : « Oublions nos querelles, ami, et raconte-moi sans rancune les détails de ton ambassade. Dans quels lieux, quand et comment as-tu trouvé Dulcinée? que faisait-elle? que lui as-tu dit? que t'a-t-elle répondu? quel air avait-elle en lisant ma lettre? qui te l'a transcrite? En un mot, j'exige de toi que tu me rendes un compte exact de tout ce qui s'est passé, sans rien ajouter, sans rien retrancher. — Monsieur, répondit Sancho, je vais vous satisfaire de point en point. D'abord, il faut vous avouer que je n'emportai point votre lettre. — Je le sais; car je m'aperçus, après ton départ, que tu m'avais laissé les tablettes, ce qui me causa un violent chagrin. Je ne doutai même point que tu ne revinsses les chercher. — Je serais sûrement revenu, si je ne m'étais rappelé mot à mot tout ce qu'il y avait dans l'épître pour vous l'avoir entendu lire; de sorte que, j'allai trouver un sacristain, qui l'écrivit sous ma dictée, et me dit que de sa vie, quoiqu'il eût fait un grand nombre de billets de confession, il n'en avait jamais vu de si galant et de si bien tourné.

« — T'en souviens-tu bien encore? — Non, monsieur, parce que, aussitôt qu'elle fut écrite, comme je n'en avais plus besoin, je me mis à l'oublier. — C'est fort bien. A présent, dis-moi ce que faisait cette reine de beauté lorsque tu t'offris devant elle; sans doute elle disposait des rangs de perles, ou brodait en pierreries une écharpe pour son chevalier? — Non, monsieur : elle était dans la basse-cour, criblant deux minots de blé. — J'entends, les grains de ce blé se transformaient en topazes en passant par ses belles mains. — Non, monsieur; je crois même que ce blé n'était que du seigle. — Passons. Quand tu lui remis ma lettre, la baisa-t-elle sur-le-champ, la mit-elle sur son cœur ou sur sa tête, suivant l'usage d'Orient? — Non, monsieur : quand je la lui présentai, elle était fort occupée de son seigle; elle me dit : « Mon ami, pose cette lettre sur ce sac, il faut que j'achève mon tas avant de la lire. » — Ah! c'était pour la lire seule, et pouvoir se livrer en liberté aux mouvements de son cœur. Elle te fit sûrement beaucoup de questions sur moi, sur mes exploits, sur mes périls, sur l'affreuse vie à laquelle je m'étais condamné pour elle? — Non, monsieur : elle ne me demanda rien; mais j'eus grand soin de lui dire que vous faisiez pour son service la plus rude des pénitences; que je vous avais laissé nu en chemise au milieu des rochers, dormant sur la pierre, ne mangeant que de l'herbe, ne vous peignant point la barbe, pleurant et maudissant votre fortune. — Il ne fallait point lui dire que je maudissais ma fortune : je la bénis, au contraire, et je la bénirai tous les jours, puisque j'ai le bonheur de souffrir pour une aussi grande dame que Dulcinée. — Il est vrai, ma foi, qu'elle n'est pas petite, et qu'elle a au moins un demi-pied plus que moi. — Comment! t'es-tu mesuré avec elle? — Non, monsieur, mais il a bien fallu m'en approcher pour l'aider à mettre son sac de blé sur son âne; et c'est là que je me suis aperçu qu'elle me passait de toute la tête. »

Ici don Quichotte soupira tendrement. « Ah! sans doute, reprit-il, sa taille est riche, noble, svelte; son amour est encore plus élevé, et sa grâce l'emporte sur tout. Dis-moi, Sancho, quand tu t'es approché d'elle, n'as-tu pas senti l'odeur de la rose, du lis, de l'ambre réunis, une certaine vapeur suave, un parfum semblable à celui qu'exhalent les aromates de Saba? — Non, monsieur; il faisait grand chaud, elle s'était donné beaucoup de mouvement, et tout cela faisait... — Fort bien. Qu'a-t-elle dit après avoir lu ma lettre? — Elle ne l'a pas lue, monsieur; elle m'a donné pour raison qu'elle ne savait ni lire ni écrire; mais elle l'a déchirée en petits morceaux, afin que personne dans le village ne vînt à savoir ses secrets. Ensuite elle m'a chargé de dire à votre seigneurie qu'elle était satisfaite de votre pénitence, qu'elle vous présentait ses respects, et qu'elle vous ordonnait, si vous n'aviez rien de mieux à faire, de revenir au Toboso, parce qu'elle avait un grand désir de vous voir. Elle a bien ri quand elle a su que vous vous appeliez *le Chevalier de la Triste Figure!* Je lui ai demandé si le Biscaïen était venu la trouver; elle m'a répondu que oui, que c'était un fort honnête homme; pour les galériens, elle n'en a point entendu parler. — Quel bijou t'a-t-elle donné à ton départ? car tu sais que l'usage des chevaliers et de leurs dames fut toujours de donner aux écuyers, aux demoiselles, ou aux nains qui viennent leur porter des lettres, quelque riche bague ou quelque diamant. — Ma foi, c'est un très bon usage; mais apparemment il passe de mode, car le seul bijou que j'aie reçu de madame Dulcinée a été un morceau de fromage avec un peu de pain bis. — Oh! personne ne l'égale en générosité; je suis bien sûr que tôt ou tard tu recevras d'elle un riche présent.

CHAPITRE XXI

ÉPOUVANTABLE COMBAT OÙ DON QUICHOTTE EST VAINQUEUR

E lendemain on arriva, sans aventure, à la fameuse hôtellerie si redoutée par Sancho, qui ne put éviter d'y entrer. L'aubergiste, sa femme, sa fille et l'aimable Maritorne, en reconnaissant don Quichotte, s'avancèrent au-devant de lui. Le chevalier les reçut gravement, et leur recommanda de lui donner un meilleur lit que la dernière fois. On lui répondit que, pourvu qu'il payât mieux, il serait traité comme un prince, et sur-le-champ on lui arrangea la même chambre qu'il avait occupée. Notre héros, qui se trouvait fatigué, ne tarda pas à se coucher et à dormir.

Pendant ce temps, la femme de l'aubergiste se disputait avec maître Nicolas, qu'elle avait pris par sa fausse barbe, en criant de toutes ses forces : « Par la mardi! vous me la rendrez, ma bonne queue de bœuf, que nous cherchons depuis trois jours. » Le barbier défendait sa barbe, et la querelle devenait vive, lorsque le prudent curé vint mettre la paix en conseillant à maître Nicolas de quitter son déguisement, devenu désormais inutile, puisqu'on dirait à don Quichotte que la princesse avait envoyé son écuyer annoncer dans son royaume l'arrivée du libérateur. La barbe fut alors rendue, ainsi que les beaux habits que l'hôtesse avait prêtés.

Tout à coup Sancho, tout effrayé, sortit du grenier où couchait don Quichotte, en criant : « Au secours, messieurs ! au secours ! mon maître livre en ce moment la plus terrible bataille où jamais il se soit trouvé. Par ma foi ! il vient d'appliquer un si furieux coup d'épée à un géant qu'il lui a coupé la tête comme un navet. — Que dites-vous donc ? répondit le curé ; quelle nouvelle extravagance vient-il encore de commettre ?... » En même temps on entendit don Quichotte qui s'écriait dans sa chambre : « Arrête ; arrête, malandrin, voleur, scélérat infâme ; je te tiens enfin, je te tiens ; ton cimeterre ne peut te sauver. » En disant ces mots, il s'escrimait contre les murailles. « Oh ! c'est une affaire finie, reprit Sancho, le coquin est à présent à rendre compte à Dieu de sa mauvaise vie ; j'ai vu couler son sang dans la chambre comme une rivière rouge, et rouler d'un autre côté sa tête, qui est grosse au moins comme une outre. — C'est fait de moi ! s'écria l'aubergiste en se frappant la tête de ses mains ; je gage que don Quichotte, ou don diable, a donné quelque coup d'épée à des outres de vin rouge que j'ai mises dans ce grenier, et que c'est mon pauvre vin que cet imbécile a pris pour du sang. »

Tout le monde courut avec de la lumière à la chambre de notre héros. On le trouva nu en chemise ; cette chemise, assez courte par devant, l'était encore plus par derrière. Juché sur ses longues et maigres jambes, il avait sur la tête un bonnet jadis rouge, que l'aubergiste lui avait prêté, autour du bras gauche une couverture que Sancho connaissait trop bien. Dans cet équipage, l'épée à la main, les yeux ouverts, comme s'il veillait, il se démenait dans sa chambre en rêvant qu'il combattait le géant, et frappant de toutes ses forces, ainsi que l'aubergiste l'avait deviné, sur les malheureuses outres, dont le vin rouge ruisselait à flots autour de lui. L'aubergiste, à ce spectacle, voulut se jeter sur le chevalier. Le barbier et le curé le retinrent. On fit d'inutiles efforts pour réveiller notre héros ; on n'en put venir à bout qu'avec un grand seau d'eau fraîche que le barbier alla chercher et lui jeta sur le corps.

Pendant ce temps, le pauvre Sancho allait, venait, se baissait, regardait sous les lits, dans les coins, cherchant partout la tête du géant. « Dans cette chienne de maison, s'écriait-il avec colère, on ne peut compter sur rien, tout se fait par enchantement. J'ai vu rouler cette tête, je l'ai vue de mes deux yeux, au milieu du sang qui coulait tout comme d'une fontaine ; et le diable l'a emportée, je ne la trouve plus à présent. — De quel sang parles-tu donc, ennemi de Dieu et des saints ? lui répondait l'aubergiste. Ne vois-tu pas, larron que tu es, que ton sang et ta

fontaine ne sont autre chose que mon vin, dans lequel nage tout ce grenier? Que puisse nager
ainsi ton maudit maître dans l'enfer! — Tout cela est bel et bon, disait Sancho; mais j'ai vu
rouler cette tête, et faute de la retrouver, j'en serai pour mon duché. »

Don Quichotte, enfin réveillé, jetait autour de lui des yeux surpris. Tout à coup il
tombe aux pieds du curé. « Madame, dit-il, Votre Altesse n'a désormais rien à redouter; votre
persécuteur n'est plus : ce bras, avec l'aide de Dieu, vient de lui faire mordre la poussière.
— Vous l'entendez, s'écriait Sancho; il est dans le sac, le géant. — Fils de Satan, reprenait
l'aubergiste, si tu comptes t'en aller comme la dernière fois, je te jure bien que ton maître et
toi vous me payerez mon vin jusqu'à la dernière goutte. — Oui, sûrement, ajoutait sa femme
avec une voix glapissante qui perçait au milieu de toutes les autres; depuis que ces bandits-là
sont venus dans notre maison, nous en sommes pour un souper, pour notre avoine, notre
paille, notre queue de bœuf qu'on nous a gâtée, et notre bon vin qu'ils ont répandu; mais ils
le payeront comptant, j'en jure par les os de mon père. » La fille de l'aubergiste, sans rien dire,
souriait; et la bonne Maritorne accompagnait de toutes ses forces les criailleries de sa maîtresse.

Le curé parvint à ramener la paix en obtenant de don Quichotte qu'il voulût bien se
remettre au lit, et en promettant à l'aubergiste de lui payer tout le dégât.

Il délibéra ensuite avec le barbier sur le meilleur moyen à employer pour quitter
l'auberge et éviter à Dorothée la peine de reconduire don Quichotte à son village. Ils imagi-
nèrent pour cela de faire une grande cage, où, dans des barreaux de bois, notre héros pût tenir
à l'aise : cette cage devait être placée sur une longue charrette à bœufs. Quand tout fut prêt,
quelques valets de ferme se couvrirent le visage de masques, se déguisèrent en lutins, allèrent
saisir don Quichotte au milieu de son sommeil, lui attachèrent les pieds et les mains, et l'enfer-
mèrent dans la cage. Notre héros, éveillé, voyant ces figures étranges, sentant qu'il ne pouvait
se mouvoir, ne douta point que ce ne fussent des fantômes, et se crut pour cette fois vérita-
blement enchanté. Les lutins, après avoir fermé la porte de la cage avec des clous, enlevèrent
le captif, et marchèrent vers la charrette. Comme ils passaient dans la cour, maître Nicolas,
déguisant et renforçant de son mieux sa voix, se mit à crier : « O vaillant chevalier de la Triste
Figure! que ton grand cœur se console de te voir ainsi prisonnier : tu ne pouvais autrement
finir la terrible aventure dans laquelle tu t'es engagé. Cette aventure ne s'achèvera que lorsque
le furieux lion de la Manche et la blanche tourterelle du Toboso seront unis. Et toi, ô le
plus fidèle, le plus noble des écuyers! console-toi de voir enlever la fleur de la chevalerie : tu
ne tarderas pas, selon les promesses de ton maître, à monter au faîte de la grandeur. Crois-en
la parole de Mentiriane : suis ce héros enchanté; marche en paix. Je retourne au ciel. »

A ces dernières paroles la voix s'affaiblit par degrés et cessa de se faire entendre. Don Quichotte, consolé par ces agréables promesses, répondit avec un soupir : « Qui que tu sois, savant enchanteur, qui daignes t'intéresser à mon sort, ne me laisse pas trop languir dans cette prison ; je souffrirai tout sans me plaindre, pourvu que tant de douleurs soient le chemin de la gloire. Quant à mon bon écuyer, qui, j'en suis sûr, ne m'abandonnera point, si le destin m'ôte le pouvoir de le récompenser selon ses mérites, ma reconnaissance et mon testament tâcheront de l'en dédommager. »

Sancho, qui écoutait et voyait tout, en se méfiant cependant que ce ne fût un tour qu'on jouait à son maître, le remercia tendrement. Aussitôt les fantômes emportent la cage et vont la placer sur la charrette.

CHAPITRE XXII

SUITE DE L'ENCHANTEMENT DE NOTRE HÉROS

ANDIS qu'on se préparait à partir, don Quichotte appela son triste écuyer, et lui dit d'une voix basse : « Mon fils, je crois avoir lu tout ce qui existe d'histoires de chevalerie ; mais je ne me rappelle point que jamais aucun chevalier ait été enchanté comme je le suis. Ordinairement, quand on les enlève, c'est par le milieu des airs, enveloppés dans un nuage, ou bien sur un simple char de feu, sur un hippogriffe, ou quelque autre monstre. Mais il me semble que je suis dans une simple charrette, et que ces animaux attelés ne sont tout au plus que des bœufs. Vive Dieu ! mon fils, j'en ai honte. Peut-être aussi que dans ce siècle les enchantements ne sont plus comme ils étaient autrefois ; les modernes magiciens veulent sans doute changer les coutumes. Que t'en semble, ami Sancho ? — Monsieur, répondit l'écuyer, je ne saurais trop que vous dire sur les magiciens modernes, parce que je n'ai pas tant lu que vous ; mais j'ai dans la tête que les fantômes que nous voyons là ne sont pas trop catholiques. — Catholiques, mon enfant ! Comment voudrais-tu qu'ils le fussent, puisque ce sont des démons ? Ils ont revêtu la forme que tu leur vois pour m'enfermer ici ; mais cette forme n'existe point : ce n'est qu'une vaine figure, une apparence, une vapeur. Avise-toi de les toucher, ta main ne prendra que de l'air. — Oh ! que nenni ! je les ai touchés par derrière, et c'est de la bonne chair.

Le curé et le barbier, craignant le bavardage de Sancho, hâtèrent le départ. Dès que Rossinante et l'âne furent prêts, Nicolas suspendit à l'arçon, d'un côté le bouclier du héros, de l'autre le bassin à barbe. Sancho, monté sur son âne, mena le coursier par la bride. Des archers, moyennant une récompense, convinrent avec le curé d'accompagner la charrette. L'hôtesse, sa fille et Maritorne vinrent à travers les barreaux prendre congé du chevalier, en feignant de verser des larmes. Don Quichotte les consola, les assura que jamais il n'oublierait leur bonne réception, leur demanda de prier Dieu que sa captivité ne fût pas longue. Le curé et le barbier, se mettant des masques, pour n'être pas connus de don Quichotte, montèrent enfin sur leurs mules.

L'ordre de la marche fut ainsi réglé : le conducteur de bœufs allait en avant; ensuite venait la charrette, aux deux côtés de laquelle étaient les archers, l'escopette à la main. Derrière elle, Sancho Pança, monté sur son âne, tirait après lui Rossinante, et, derrière Sancho, maître Nicolas et le curé, masqués, réglaient doucement le pas de leurs mules sur les pas tardifs des bœufs. Don Quichotte, assis dans la cage, les mains attachées sur son estomac, les pieds étendus en avant, gardait un profond silence, se tenait roide, grave, droit, immobile comme une statue. On fit deux lieues sans s'arrêter, dans le dessein de gagner un petit vallon, où le barbier assurait que l'on trouverait du frais et de l'herbe. On était près d'y arriver, lorsqu'il vint à passer un chanoine sur sa mule, accompagné de six ou sept domestiques bien montés. Le chanoine, après avoir salué nos voyageurs, s'arrêta pour considérer cette charrette, cette cage, cet homme enfermé dedans; et, ne pouvant comprendre ce que c'était, il pria un des archers de le lui dire. Don Quichotte, qui l'avait entendu, avance aussitôt son visage contre les barreaux, et se presse de lui répondre : « Seigneur, je suis enchanté. Vous savez comme moi que l'Envie attaque souvent les héros, surtout ceux qui, en dépit des magiciens de la Perse, des brahmes de l'Inde, des gymnosophistes d'Éthiopie, marchent dans le sentier étroit de la gloire, et vont écrire leur nom au temple de l'immortalité. Voilà précisément mon histoire, et ce qui fait que je suis enchanté. Vous êtes instruit à présent. »

Le chanoine écoutait sans répondre, lorsque le curé, s'approchant, lui dit : « Oui, monsieur, l'illustre guerrier que vous voyez dans cette cage est le fameux don Quichotte, si connu dans l'univers sous le nom de chevalier de la Triste Figure : ses grandes actions, ses exploits lui ont attiré des persécuteurs, et, comme il vous l'a dit lui-même, il est enchanté, monsieur. »

Plus surpris encore d'entendre tenir le même langage à celui qu'on avait enfermé et à celui qu'on avait laissé libre, le chanoine promenait ses yeux sur l'un et sur l'autre. Sancho, qui n'était point de bonne humeur, reprit alors d'un air renfrogné : « Oui, enchanté ! tout comme ma mère. Ce n'est pas à moi qu'il faut en conter. Je vois ici bien des gens qui, parce qu'ils ont un masque sur le visage, s'imaginent que je ne les connais point. Ils se trompent, à commencer par vous, monsieur le curé. On a bien raison de dire que là où se trouve l'Envie, le Mérite ne peut dormir. Le diable puisse-t-il emporter tous ceux qui empêchent mon bon maître de se marier avec cette infante, et de me faire comte ou duc! Cela m'était assuré; mais la roue de la fortune tourne encore plus vite que celle d'un moulin. Aujourd'hui vous êtes prince, demain vous n'êtes que Sancho. A la bonne heure! je veux ce qu'on veut, et je n'en suis fâché que pour ma pauvre femme, qui s'attendait à me revoir vice-roi et qui va me retrouver sur mon âne. C'est égal, il est des gens qui, malgré leur petite tonsure sur la tête, pourraient payer dans l'autre monde le bien qu'ils ôtent dans celui-ci. — Ah! ah! Sancho, reprit le barbier, on n'aurait pas trop mal fait de vous enchanter comme votre maître, et de vous placer dans la cage. La fumée des grandeurs semble vous avoir enivré la tête. — Je ne m'enivre jamais, lui répondit l'écuyer, et ma tête est tout aussi bonne que celle de certains barbiers de ma connaissance, qui vont se mêlant de faire les affaires d'autrui, pour faire les entendus. Patience! tout paysan que je suis, je pourrai bien quelque jour faire la barbe à ces barbiers-là. »

Le curé fit signe à maître Nicolas et au chanoine de s'éloigner. Alors il instruisit le voyageur de ce que c'était que don Quichotte, lui raconta comment ce bon gentilhomme, d'ailleurs plein d'esprit et de qualités, avait eu la tête tournée par les livres de chevalerie, tout ce qu'il avait fait depuis cette époque, et les moyens qu'ils étaient forcés de prendre pour le ramener dans sa maison.

Sancho, voyant le curé et le barbier loin de la charrette, n'avait pas manqué de profiter de leur absence pour s'entretenir avec son maître. « Monsieur, lui avait-il dit à demi-voix, pour l'acquit de ma conscience je dois vous instruire d'un fait qui vous expliquera peut-être de grandes choses : c'est que ces deux fantômes que vous voyez avec des masques sont le curé de notre paroisse et maître Nicolas, le barbier. Cela doit vous faire comprendre qu'il y a du micmac dans votre enchantement; et si vous me permettez de vous faire une petite question, j'espère vous prouver, clair comme le jour, que nous sommes tous deux les dupes de la malice des envieux. — Parle, mon fils, répondit don Quichotte, parle avec toute liberté; méfie-toi cependant de ce qui paraît à tes yeux. Il est très possible et très vraisemblable que les enchanteurs aient pris la figure de maître Nicolas et de notre curé, afin de mieux nous tromper : ces métamorphoses ne leur coûtent guère; et tu sais bien que ce que l'on voit est toujours ce qu'il faut le moins croire. — Oh! monsieur, je ne suis qu'un sot, ou il y a quelque anguille sous roche : ma petite question va le démontrer; mais je n'ose pas vous la faire. — Ose

tout dire, mon fils; je te répondrai avec franchise. — Monsieur, depuis votre prétendu
enchantement, je voudrais savoir si vous avez senti le désir de sortir de votre cage. — Sans
doute, je désire fort d'en sortir. Je ne t'entends pas, Sancho. — Je le vois bien; écoutez-moi.
Les chevaliers les plus errants possible, lorsqu'ils ont bu de l'eau limpide des ruisseaux, sont
quelquefois obligés d'aller passer un petit moment tout seuls, debout contre un arbre; je vous
demande...

— Oh! je t'entends, et je t'avoue, mon ami, qu'à l'instant même ou je parle je désirerais
vivement d'avoir cette liberté.

— Justement, voilà le nœud! Ne m'avez-vous pas dit cent fois que les enchantés ne
mangeaient, ni ne buvaient, ni ne dormaient, ni ne faisaient rien de ce que font les autres
hommes? Or, ce que vous venez de m'avouer prouve, comme un et un font deux, que vous
n'êtes point enchanté. »

Comme l'écuyer parlait ainsi, la charrette arriva dans le vallon, où le curé, le chanoine et
le barbier s'étaient déjà mis à table. Les bœufs furent dételés. Le bon Sancho vint prier le curé
de vouloir bien faire sortir son maître de la cage, parce qu'il était absolument nécessaire qu'il
prît un moment le grand air.

Le curé ne s'y refusa point; mais il exigea que notre héros donnât sa parole de chevalier
qu'il ne chercherait point à s'échapper.

« Je la donne, cria don Quichotte, et je suis surpris que vous la demandiez, messieurs les
magiciens, puisque vous pouvez d'un seul mot attacher mes pieds à la terre. »

Aussitôt il fut délivré : on lui délia les mains. La première chose que fit don Quichotte fut
d'élever ses grands bras en allongeant son maigre corps. De là courant à Rossinante : « Fleur
des coursiers, lui dit-il en le frappant doucement sur la croupe, j'espère de la bonté du ciel
qu'avant peu nous nous reverrons continuant ensemble notre noble exercice. » Après ces mots,
prononcés d'une voix altière, il s'éloigne de quelques pas, et revient bientôt se mettre à dîner
avec toute la compagnie.

CHAPITRE XXIII

OTRE héros, paisible et de sang-froid, parla pendant le repas sur divers sujets agréables avec autant de sens que d'esprit. Le chanoine, en l'écoutant, ne pouvait se lasser de le regarder; il ne comprenait point que cet homme, qui annonçait tant de lumières, de jugement, d'éloquence, fût ce même fou qu'on était obligé d'enfermer dans une cage pour le ramener chez lui.

Mais tout à coup le son lugubre d'une trompette attire l'attention de don Quichotte, qui se lève précipitamment pour voir d'où peut venir ce triste bruit.

Depuis longtemps la terre altérée demandait au ciel de la pluie : les habitants de la campagne faisaient des neuvaines et des processions pour obtenir la fin de la sécheresse. Une paroisse voisine revenait dans ce moment d'un ermitage où son curé l'avait conduite; la plupart des villageois étaient vêtus en pénitents blancs, et portaient sur un brancard la figure d'une vierge couverte d'habits de deuil. Don Quichotte, en voyant ces pénitents, cette vierge, cette grande troupe, s'imagina sur-le-champ que c'étaient des malandrins qui enlevaient une jeune princesse dont la délivrance lui était réservée. Aussitôt, et sans qu'on puisse l'arrêter, il court à Rossinante, prend son bouclier, son épée, monte sur son bon cheval, et se rapprochant de la compagnie : « C'est aujourd'hui, s'écrie-t-il, que vous serez forcés d'avouer combien les chevaliers errants sont utiles dans le monde. Vous la voyez, cette infortunée, que des méchants entraînent captive! Que deviendrait-elle, je vous le demande, si son bonheur ne m'eût conduit ici? » A ces mots il pique des deux, prend le galop, court aux pénitents.

Le curé, le chanoine, maître Nicolas, Sancho lui-même eurent beau crier : « Arrêtez, seigneur don Quichotte! vous attaquez une procession, vous allez contre la foi catholique! Prenez-y garde, monsieur, c'est la sainte Vierge, c'est Notre-Dame! ne badinez pas, seigneur don Quichotte! » Notre héros n'écoutait rien. Il arrive près de l'image, et d'une voix de tonnerre : « O vous, dit-il, qui sans doute pour de coupables motifs, cachez vos figures sous

ces linges blancs, arrêtez et prêtez l'oreille. » Les quatre pénitents qui portaient l'image s'arrêtèrent tout étonnés. Un des ecclésiastiques qui chantaient les litanies s'interrompit pour
répondre au chevalier : « Mon frère, nous sommes las, la chaleur nous accable; dépêchez-vous
de parler si vous avez quelque chose à nous dire, mais tâchez de finir en deux mots. — Un
seul suffira, reprit don Quichotte : rendez tout à l'heure la liberté à cette jeune et belle princesse, dont les larmes, les tristes habits prouvent assez que vous osez lui faire une indigne
violence. Sachez que je suis au monde pour empêcher, pour punir ces crimes; et je ne souffrirai
point que vous avanciez un seul pas avant de voir libre cette prisonnière. »

Un éclat de rire général fut la seule réponse qu'on fit à don Quichotte. Plus irrité par ces
ris, il s'avance l'épée à la main. Un de ceux
qui portaient le brancard, laissant la charge
à ses trois compagnons, vint, armé de sa
grande fourche, se placer devant le héros.
Don Quichotte coupe en deux la fourche. Le
paysan, avec le morceau resté dans ses mains,
frappe le chevalier sur l'épaule, et le coup fut
si bien appliqué que notre héros tomba de
cheval. Le vainqueur allait redoubler, quand
Sancho arrive hors d'haleine, lui crie d'épargner son maître, en ajoutant que c'était un pauvre
chevalier enchanté, qui de sa vie n'avait fait mal à personne. Le paysan s'aperçut que don
Quichotte ne remuait plus; et, croyant l'avoir tué, se mit à fuir de toutes ses forces. Le curé,
le chanoine, les archers accouraient. La procession ne douta point qu'on n'en voulût à son
image : et les prêtres, les pénitents s'arment de leurs disciplines, de leurs bâtons, de leurs chan-
deliers pour repousser l'assaut qu'ils attendent. Heureusement le curé de don Quichotte connaissait le curé des pénitents. Ils se parlèrent, s'expliquèrent, et les deux armées en présence
firent la paix avant le combat.

Pendant ce temps, le triste Sancho embrassait le corps de son maître étendu par terre sans
mouvement. « O fleur de la chevalerie! s'écriait l'écuyer en pleurs; ô le plus vaillant des héros
tué par un coup de fourche! Honneur de ton pays, gloire de la Manche et du monde entier, qui
n'aura plus personne pour secourir les faibles! O mon maître, mon bon maître, dont la générosité m'avait promis de payer mes services avec une île voisine de la mer! je te regretterai
toute ma vie, toi que j'ai toujours vu l'ennemi des méchants, le protecteur des bons; fier avec
les humbles, humble avec les fiers; en un mot, chevalier errant. »

10

Cette dernière parole fit revenir Don Quichotte; il rouvrit les yeux, et d'une voix faible :
« O ma chère Dulcinée, dit-il, celui qui languit loin de vous doit s'attendre à tous les malheurs.
Aide-moi, Sancho, aide-moi à me remettre sur le char enchanté; la douleur que je sens à
l'épaule ne me permettrait pas de remonter sur le vigoureux Rossinante. — Oui, oui,
monsieur, reprit Sancho, retournons à notre village; nous laisserons passer cette mauvaise veine, et puis nous recommencerons plus heureusement. » Le chanoine et le curé
vinrent aider à Sancho, prirent congé de la procession et firent reporter don Quichotte dans
la charrette.

On attela promptement les bœufs; on paya les archers, qui s'en retournèrent; le chanoine
poursuivit sa route, après avoir fait promettre au curé de lui écrire des nouvelles de la guérison
de don Quichotte. Celui-ci, couché sur du foin, demeura seul avec Sancho, le curé, maître
Nicolas et le patient Rossinante, qui, témoin indifférent de tout ce qui se passait, ne perdit
jamais un instant son inaltérable tranquillité. Le lendemain, au milieu du jour, on arriva dans
le village de don Quichotte. C'était un dimanche : tous les paysans, rassemblés sur la grande
place, environnèrent la charrette, reconnurent avec surprise leur compatriote et l'accompa-
gnèrent jusqu'à sa maison, où les petits garçons avaient déjà couru annoncer son arrivée. La
gouvernante et la nièce se hâtèrent de sortir; et, voyant don Quichotte pâle et tristement couché
sur du foin, se mirent à jeter des cris perçants.

La femme de Sancho Pança, du plus loin qu'elle aperçut son mari, vint à lui tout essoufflée
en lui demandant si l'âne était en bonne santé. « Oui, oui, répondit l'écuyer, l'âne se porte
mieux que son maître. — Dieu soit loué! reprit Thérèse. A présent, dis-moi, mon ami, si tu
as fait de bonnes affaires, si ton écuyerie t'a beaucoup valu. Me rapportes-tu une belle robe,
de jolis souliers pour nos enfants? Voyons tout cela.

— Patience, patience, ma femme! tu auras le temps d'admirer tout ce que je te rapporte.
—Ah! mon pauvre ami, que j'en suis impatiente! et que je t'ai regretté souvent depuis un siècle
que tu m'as quittée! — C'est bon, Thérèse, c'est bon; je t'ai regrettée aussi; mais il faut bien
travailler à sa petite fortune. Aussi, encore un voyage comme celui que je viens de faire, et tu
peux être sûre de te voir comtesse ou gouverneuse de quelque île!— Gouverneuse, mon ami! je
ne sais pas ce que c'est, mais cela doit être bon. — Diable! si c'est bon! je le crois; à la vérité,
c'est cher : avant d'être là, il faut recevoir une incroyable quantité de coups de bâton; quelquefois même on est berné. A cela près, ma chère amie, c'est une très agréable chose que le
métier d'écuyer errant, et je t'assure qu'il y a du plaisir à courir les aventures.

Pendant cette conversation, la gouvernante et la nièce avaient porté don Quichotte dans sa chambre, où elles l'avaient mis au lit. Le curé leur recommanda d'en avoir le plus grand soin, surtout de veiller avec attention à ce qu'il ne s'en allât plus. Les pauvres filles promirent qu'elles sauraient bien l'en empêcher; mais cette promesse fut vaine : don Quichotte, à peine guéri, leur échappa de nouveau en compagnie de Sancho Pança.

CHAPITRE XXIV

COMMENT NOTRE HÉROS RENCONTRA UNE BELLE DAME QUI CHASSAIT

ON Quichotte et son écuyer voyagèrent cette fois quelque temps sans rencontrer les aventures qu'ils recherchaient et Sancho voyait avec douleur que la bourse de son maître tirait à sa fin. Chaque maravédis qu'il en fallait ôter lui arrachait de douloureuses larmes. Il commençait à désespérer de parvenir à la haute fortune qui lui avait été promise, et réfléchissait en silence au parti qu'il devait prendre.

Comme ils traversaient tous deux une prairie, don Quichotte aperçut une troupe de fauconniers et de chasseurs. Au milieu d'eux était une jeune dame, d'une figure agréable et noble, en superbe habit d'amazone, et montée sur une haquenée blanche. Elle tenait à sa main un faucon; la déférence, les hommages qu'on s'empressait de lui rendre annonçaient qu'elle était d'un haut rang, et qu'elle commandait à tous les chasseurs.

« Mon fils Sancho, dit notre chevalier, cours auprès de cette belle dame qui porte un oiseau sur le poing; dis-lui que le chevalier des Lions (Don Quichotte s'était donné ce nouveau nom depuis quelque temps), qui met à ses pieds son profond respect, lui demande la permission de se présenter devant Son Altesse pour lui offrir ses services. Prends garde surtout à la manière dont tu t'acquitteras de ce message, et ne va pas mêler tes proverbes au discours que tu lui feras. — Pardi! ah pardi! répondit Sancho, vous avez bien trouvé votre homme! N'ayez pas peur que je lui dise des proverbes; je sais la manière dont il faut parler. Laissez-moi faire, vous allez voir. »

Sancho part au trot de son âne, arrive au milieu des chasseurs, s'approche de l'amazone, descend, se met à genoux, et lui dit : « Madame, qui êtes si belle, je m'appelle Sancho Pança, écuyer du chevalier des Lions, que vous voyez arrêté là-bas. Mon maître, qui s'appelait jadis le chevalier de la Triste Figure, m'envoie vous dire qu'il serait charmé de baiser les pieds de votre beauté, de se consacrer au service de Votre Altesse et de votre oiseau, mais il faut pour cela votre permission ; et j'ajoute que votre seigneurie peut fort bien la lui donner, parce qu'elle n'en sera pas fâchée. — Aimable écuyer, répondit la dame, vous vous acquittez à merveille des messages que l'on vous donne. Commencez par vous relever ; l'ami, le compagnon fidèle du chevalier de la Triste Figure, dont je connais parfaitement et la gloire et les exploits, ne doit point parler à genoux. Levez-vous donc, je vous prie, et retournez dire à votre maître que le duc mon époux et moi nous serons charmés tous les deux de le recevoir dans notre maison, peu éloignée d'ici.

Sancho, surpris, enchanté d'entendre le nom de duc, et de se voir si bien accueilli, si bien traité par une duchesse, ne songeait pas à se relever, et ne se lassait point de considérer cette dame si bien mise, si agréable, si polie pour les écuyers. La duchesse, en lui tendant la main, lui demanda si son maître n'était pas ce fameux don Quichotte de la Manche, amant de Dulcinée du Toboso, dont on avait récemment imprimé l'histoire. » C'est lui-même, répondit Sancho ; et l'écuyer que vous devez avoir vu dans l'histoire jouer un assez beau rôle, c'est moi, madame la duchesse, à moins que l'imbécile d'historien ne m'ait changé en nourrice. — J'en suis ravie, reprit la duchesse, cette certitude ajoute au désir que j'ai de vous recevoir avec votre illustre maître. »

Notre écuyer s'inclina respectueusement, traversa d'un air fier la troupe des chasseurs, alla remonter sur son âne et rendre compte à don Quichotte de l'agréable réponse de madame la duchesse, dont il éleva jusqu'au ciel la beauté, la politesse et la bienveillance particulière dont elle l'avait honoré. Notre héros, en l'écoutant, se redresse sur sa selle, s'affermit sur ses étriers, lève sa visière, raccourcit ses rênes pour donner un peu de grâce à Rossinante, et s'avance la tête haute. La duchesse, pendant ce temps, avait fait appeler son époux, l'avait instruit de l'ambassade ; et, comme tous deux avaient entendu parler des folies de don Quichotte, ils se firent un plaisir extrême de connaître le héros de la Manche, de se plier entièrement à son humeur, à ses idées, et convinrent de le traiter comme un véritable chevalier errant. Don Quichotte, arrivant alors, voulut se hâter de descendre ; Sancho, se dépêchant aussi d'aller lui tenir l'étrier, s'embarrassa si bien la jambe dans une corde de son bât, qu'il resta pendu par le pied. Notre héros ne le vit point, et, croyant qu'il tenait son étrier, descendit sans précaution ; mais la selle de Rossinante, apparemment mal sanglée, entraînée par le poids du corps, tourna sous le ventre, et le chevalier arriva à terre couché de son long. Au désespoir de cet accident, il maudissait tout bas et sa selle et son traître d'écuyer, lorsque les chasseurs, par l'ordre du

duc, coururent le relever et dépendre le pauvre Sancho. Don Quichotte, un peu froissé de sa
chute, venait en boitant se mettre à genoux devant madame la duchesse. Le duc le retint,
l'embrassa : « Seigneur chevalier de la Triste Figure, lui dit-il d'un ton sérieux, il est bien
cruel pour moi que le premier pas que vous faites sur mes terres puisse vous sembler une
chute ; j'ose me flatter que ce contre-temps ne vous dégoûtera point de demeurer avec vos
admirateurs. — Vaillant prince, répondit le héros, il n'est point de plaisir qu'on n'achète ; et je
ne me plaindrais point de payer beaucoup plus cher le bonheur extrême de vous faire ma
cour. Mon négligent écuyer babille infiniment mieux qu'il ne sait sangler une selle ; c'est à lui
seul que je dois m'en prendre. Au surplus, par terre ou debout, à cheval, à pied, de toutes
façons, je n'en suis pas moins dévoué à vos ordres et à ceux de madame la duchesse, dont la
suprême beauté exerce un empire si doux.

— Allons, ajouta le duc, prenons le chemin du château, si l'illustre chevalier de la Triste
Figure veut nous faire l'honneur d'y venir. — Sans doute, dit Sancho, qui s'était relevé, il le
veut bien, et moi aussi ; mais, monsieur le duc, n'oubliez donc pas que nous nous appelons à
présent le chevalier des Lions. »

En parlant ainsi, l'écuyer rajustait la selle de Rossinante. Quand cela fut fait, don Quichotte
remonta sur son coursier ; le duc reprit aussi le sien ; et la duchesse, placée entre son époux et
le chevalier, se mit en route vers le château. Au bout de quelques pas, elle appela Sancho pour
venir causer avec elle. Sancho ne demandait pas mieux ; il poussa promptement son âne à côté
de la duchesse, se mit en rang avec monsieur le duc, et ne laissa pas tomber la conversation.

CHAPITRE XXV

QUI CONTIENT DE GRANDES CHOSES

NDÉPENDAMMENT du plaisir extrême qu'éprouvait notre écuyer en se voyant
le favori de madame la duchesse, l'espérance de passer quelque temps dans une
bonne maison remplissait son âme d'une vive joie : sa gaieté naturelle en était
doublée ; et, sa protectrice l'encourageant, il s'y livrait sans réserve. Lorsque
l'on approcha du château, le duc alla lui-même en avant donner des ordres pour la réception
qu'il voulait faire à don Quichotte. Dès que le chevalier arriva, deux écuyers, richement vêtus,

vinrent l'aider à descendre; quatre belles demoiselles lui présentèrent en cérémonie un superbe manteau d'écarlate, qu'elles attachèrent sur ses épaules. Les galeries se remplirent de monde; et tous les habitants de la maison, se réunissant pour voir le héros, jetant sur lui des essences, criaient: « Heureux, heureux le jour où nous recevons ici la fleur de la chevalerie! » Enchanté de tant d'honneurs, don Quichotte s'avançait gravement, donnant la main à la duchesse, et remerciant tout bas le ciel de ce qu'enfin, une fois dans sa vie, il se voyait traité de la même manière qu'il avait vu, dans ses livres, traiter les anciens chevaliers errants.

Sancho, pour ne pas se séparer de sa bonne amie la duchesse, avait été forcé d'abandonner son âne; il se le reprochait au fond du cœur; et sa tendre inquiétude pour cet animal lui fit aborder une vieille duègne, qu'il distingua dans la foule. « Madame, lui dit-il tout bas, je voudrais bien savoir votre nom pour avoir l'honneur de vous parler en secret. — Je m'appelle, répondit la duègne, dona Rodrigue de Grijalva. Qu'y a-t-il pour votre service? — Ah! madame Rodrigue de Grijalva, vous me feriez un grand plaisir de vouloir aller jusque dans la cour, où vous trouverez un âne gris. Cet âne est à moi; je l'aime beaucoup; le pauvre enfant est timide, et n'est point accoutumé à se voir seul. J'ai peur qu'il ne sache que devenir; je vous prie de le mener vous-même à l'écurie, et de lui donner ce qu'il lui faut. — Pardi! répondit la duègne d'une voix aigre, nous voilà bien si le maître n'en sait pas plus que le valet! Apprenez, mon ami, que dans cette maison il n'est pas d'usage d'envoyer les duègnes à l'écurie. — Oh! oh! vous êtes donc bien fière! Mon maître m'a pourtant raconté que quand Lancelot revint d'Angleterre les duègnes pansaient son cheval. Or, mon âne, j'en suis bien sûr, vaut le cheval de Lancelot. — Je ne m'embarrasse guère de Lancelot ni de votre maître. Gardez vos contes et vos facéties pour ceux qui savent les payer; quant à moi, je vous en préviens, je n'en donnerais pas une figue. — Ma foi, si vous me la donniez, je la trouverais peut-être trop mûre. — Vous êtes un insolent, s'écria la duègne en fureur, et je vous ferai repentir de vos impertinents propos. »

A cet éclat, la duchesse, se retournant, vit que madame Rodrigue avait les yeux hors de la tête et le visage fort allumé. « Que vous arrive-t-il? lui demanda-t-elle. — Madame, c'est ce paysan qui veut que j'aille panser son âne, parce qu'il prétend que les duègnes pansaient le cheval d'un Lancelot; ensuite il dit que je suis vieille. — Ah! voilà le pis, répond la duchesse. Vous avez grand tort, mon ami Sancho; regardez donc bien madame Rodrigue, et mettez-vous dans la tête qu'elle est toute jeune encore. Ces grandes coiffes qu'elle porte ne doivent pas vieillir à vos yeux son visage de dix-huit ans. — Madame la duchesse, répliqua Sancho, je peux vous jurer sur ma conscience que je n'ai seulement pas pensé ni à son visage ni à ses années :

je n'étais occupé que de mon âne, que j'ai laissé seul dans la cour; et j'ai fait part de mon chagrin à cette madame Rodrigue, parce que je la croyais plus charitable qu'une autre. — Sancho, dit alors don Quichotte, ce n'est pas ici le lieu de parler de tout cela. — Pardonnez-moi, monsieur, c'est partout le lieu de songer aux gens qu'on aime; et partout où j'y songe j'en parle. — Vous avez raison, interrompit le duc; mais soyez parfaitement tranquille, j'ai donné des ordres pour que votre âne fût conduit à l'écurie, et traité comme vous-même. Il sera content, je vous en réponds. »

A la suite de cet entretien, qui divertissait tout le monde, excepté notre héros, on l'introduisit dans une superbe salle, tapissée de drap d'or. Six demoiselles vinrent le désarmer, et, sans laisser échapper un sourire, offrirent de le déshabiller et de lui passer sa chemise. Le modeste don Quichotte s'y refusa, fit appeler son écuyer pour achever sa toilette, et s'enferma seul avec lui. « Sot que vous êtes, lui dit-il alors, que signifie votre scène avec cette vénérable duègne? Était-ce le moment de vous occuper de votre âne? A la manière dont on vous traite, craignez-vous qu'on n'oublie nos coursiers? Prenez-y garde, Sancho; vous ne vous observez point assez; vous semblez vous plaire à faire deviner promptement que vous êtes sans éducation. Songez que c'est sur le ton, sur les manières des domestiques que l'on juge de leurs maîtres, et que le plus grand avantage des princes est d'avoir à leur service des personnes aussi bien élevées qu'eux-mêmes. Que voulez-vous qu'on pense de moi si l'on ne voit en vous qu'un paysan grossier ou un insipide bouffon? Le métier de plaisant n'est rien moins qu'aisé; lors même qu'on y réussit, il est rare qu'il attire l'estime. Parlez moins, Sancho, parlez beaucoup moins; réfléchissez avant de parler, ne détruisez pas vous-même le bien qui doit vous arriver, et par les personnes avec qui nous sommes et par le maître que vous servez. »

Sancho promit de bonne foi d'être plus circonspect à l'avenir, et de se mordre la langue toutes les fois qu'il voudrait dire une sottise. Il habilla son bon maître, qui mit par-dessus son pourpoint chamois le beau manteau d'écarlate, le baudrier de loup marin soutenant sa redoutable épée, sur sa tête un bonnet de satin vert, et sortit dans cet équipage. Les demoiselles étaient à la porte, tenant une aiguière d'or pour qu'il se lavât les mains. Quand cela fut fait, douze pages, précédés d'un maître d'hôtel, vinrent lui annoncer que le dîner était prêt. Don Quichotte, entouré des pages, fut conduit avec beaucoup de pompe à la salle du festin, où quatre couverts seulement se voyaient sur une table chargée de beaucoup de mets. Le duc et la duchesse l'attendaient. Sancho, qui dut se tenir derrière son maître pendant le repas, n'hésita pas à se mêler plusieurs fois à la conversation. Il entretint le duc et la duchesse des projets d'avenir de son maître et leur parla beaucoup de l'île que don Quichotte lui avait promise. — Et vous espérez toujours obtenir ce gouvernement? demanda le duc. — Oui, monseigneur, répondit l'écuyer, j'ai un bon maître, je suis avec lui depuis longtemps, j'y profite tous les jours; et j'espère qu'avec l'aide de Dieu, ni lui ni moi ne manquerons d'empires non plus que d'îles à gouverner.

— Non, certainement, reprit le duc; car j'en possède neuf assez considérables, et, en faveur du seigneur don Quichotte, je vous donne dès aujourd'hui le gouvernement de la plus belle. — Sancho, s'écria notre chevalier, cours te mettre à genoux devant son Excellence, et la remercier de son bienfait. » L'écuyer obéit sur-le-champ, bénissant le ciel de ce que son vœu le plus cher s'était enfin réalisé.

CHAPITRE XXVI

ARRIVÉE DE SANCHO DANS SON ILE

ATISFAITS de l'heureux succès de leur plaisanterie et voulant mettre à profit la rare crédulité de leurs hôtes, le duc et la duchesse donnèrent immédiatement des ordres pour que Sancho prît possession du gouvernement promis. Dès le lendemain le duc vint dire à notre écuyer de se tenir prêt à partir pour son île, où ses nouveaux sujets l'attendaient comme on attend la rosée du mois de mai. « Soyez prêt demain matin à vous rendre dans vos États, ajouta-t-il. Ce soir on doit vous apporter les nouveaux habits et les autres choses nécessaires à votre dignité. — Comment sont-ils faits ces nouveaux habits? On aura beau m'habiller de toutes les façons, je n'en serai pas moins Sancho Pança. — Sans doute; mais vous savez bien que des marques extérieures distinguent les diverses professions : un magistrat n'est pas mis comme un soldat, un soldat ne l'est point comme un prêtre. Vous, Sancho, qui devez être à la fois militaire et lettré, vous aurez un vêtement qui tiendra de l'un et de l'autre. — Je crois vous avoir dit, monseigneur, que je n'étais pas un grand lettré, puisque je n'ai jamais su lire; mais beaucoup de gouverneurs ne l'ont guère su plus que moi. Quant à mes qualités militaires, je me bats fort bien lorsque je suis le plus fort. Voilà tout ce que je peux vous offrir. »

Un intendant du duc reçut ordre, dès le même soir, de conduire le nouveau gouverneur

Les clefs de la ville lui furent remises, et des crieurs publics le proclamèrent
gouverneur perpétuel de l'île de Barataria.

Paris. — Typ. Ch. Unsinger.

dans le bourg qu'on appelait son île. Il se rendit en cérémonie auprès de notre écuyer, qu'on avait déjà revêtu d'une espèce de simarre et d'un manteau mordoré, avec la toque pareille. Sancho, dans cet équipage, accompagné d'une suite nombreuse, alla prendre congé du duc et de la duchesse, dont il baisa tendrement la main; ensuite, le cœur gros de soupirs, il vint embrasser les genoux de son maître, qui lui donna sa bénédiction, avec des yeux pleins de larmes. Le bon écuyer ne put retenir les siennes; enfin il se mit en chemin, monté sur un beau mulet, et suivi de son âne chéri, que le duc avait fait couvrir d'un magnifique harnais. Sancho retournait souvent la tête pour le regarder avec complaisance; et, presque aussi reconnaissant des honneurs rendus à son âne que de ceux rendus à lui-même, il s'avançait vers sa capitale, plus content et plus satisfait que le successeur des Césars.

Un bourg à peu près de mille maisons, qui appartenait au duc, composait le puissant État où Sancho devait donner des lois. On lui dit que ce bourg s'appelait l'île de Barataria. Aux portes de sa capitale, Sancho trouva les principaux du peuple, qui venaient au-devant de lui. Les cloches sonnèrent; tous les habitants témoignèrent une grande joie. Notre écuyer, au milieu d'eux, fut porté en triomphe à la paroisse, où il rendit grâces à Dieu; après quoi les clefs de la ville lui furent remises, et des crieurs publics le proclamèrent gouverneur perpétuel de l'île de Barataria. Le bon Sancho reçut tous ces honneurs en silence, d'un air grave, sans paraître trop surpris; mais ceux des habitants qu'on n'avait pas mis du secret ne laissaient pas d'être étonnés de la mine, de la barbe épaisse, de la taille courte et ronde de celui qu'on leur avait choisi pour maître.

Au sortir de l'église, Sancho, conduit à la salle de justice, fut installé sur un siège de velours, sous un magnifique dais. L'intendant du duc, qui faisait l'office de maître des cérémonies, lui dit avec respect : « Seigneur, une coutume antique et révérée prescrit au nouveau gouverneur qui prend possession de cette île de commencer par juger deux ou trois causes un peu difficiles, afin que son peuple, témoin de sa sagesse, se réjouisse d'avance de la félicité dont il doit jouir; Votre Seigneurie ne refusera point sans doute de se soumettre à cet usage.

Tandis que l'intendant parlait, Sancho regardait avec attention de grandes lettres écrites sur la muraille en face de lui. Curieux de savoir ce qu'elles disaient, et regrettant fort de ne pas savoir lire, il pria doucement l'intendant de lui expliquer ce que c'était que ces peintures. « Seigneur, répondit celui-ci, voici les paroles gravées sur cette pierre: Aujourd'hui, tel jour de tel mois, pour le bonheur de cette île, don Sancho Pança en prit possession. — Qui appelle-t-on don Sancho Pança? reprit notre gouverneur. — Ce ne peut être que Votre Seigneurie; jamais un autre Pança ne s'est assis à la place où vous êtes. — Eh bien, vous aurez soin, monsieur, de faire effacer ce *don;* dans notre famille nous ne sommes point dans l'habitude de prendre ce qui ne nous appartient pas. Je m'appelle Pança tout court : mon père s'appelait de même, ainsi que mon grand-père et mon bisaïeul, tous vieux chrétiens et gens d'honneur. Si l'on croit ici me faire la cour en flattant ma vanité, l'on se trompe; j'espère prouver avant peu que j'aime bien mieux les bonnes actions que les titres. Retenez cela, s'il vous plaît, et qu'on me donne à juger les causes que l'on voudra; je ferai certainement de mon mieux pour qu'on soit content. »

Comme il parlait, entrèrent deux hommes, dont l'un était vêtu en paysan, et dont l'autre portait de grands ciseaux. « Seigneur gouverneur, dit celui-ci, je suis tailleur de mon métier; hier ce laboureur est venu me trouver dans ma boutique, et, me montrant un morceau de drap : — Pourriez-vous, m'a-t-il dit, faire une capote avec l'étoffe que voici? — Oui, lui ai-je répondu sur-le-champ, j'en aurai assez pour une capote. Surpris de ce que je n'hésitais pas, et croyant sans doute que je voulais lui voler de son drap : — Regardez bien, a-t-il repris, n'en auriez-vous pas assez pour deux capotes? — Oh, mon Dieu, oui! lui ai-je dit en souriant; car j'ai deviné ses soupçons. Alors il m'en a demandé trois; et augmentant toujours le nombre à mesure que je promettais de le satisfaire, nous avons fini par convenir ensemble que je lui livrerais cinq capotes. Elles sont prêtes; et cet honnête homme refuse non seulement de m'en payer la façon, mais il veut que je lui rende son drap. J'ai recours à votre justice.

— Mon frère, demanda Sancho au laboureur, le fait s'est-il passé comme il le dit? — Je le confesse, répondit-il; mais je demande à Votre Seigneurie d'ordonner qu'on lui montre les cinq capotes. — Très volontiers, s'écria le tailleur en tirant sa main de dessous son manteau, et faisant voir au bout de ses cinq doigts cinq petites capotes fort jolies. Vous les voyez, ajouta-t-il; je les donne à examiner au plus habile tailleur, il n'y trouvera pas un point à reprendre; et je jure sur ma conscience qu'il ne m'est pas resté le plus petit morceau de drap. »

Tout le monde se mit à rire; Sancho seul ne perdit point sa gravité. « Le bon sens, dit-il, dans cette occasion, doit tenir la place de la loi : j'ordonne que le tailleur perde sa façon, et le laboureur son étoffe. Appelez-en d'autres; car le temps m'est cher, et je n'aime pas à le perdre. »

Deux vieillards se présentèrent. « Seigneur, dit l'un d'eux, j'ai prêté dix écus d'or à cet homme. Un long temps s'est écoulé sans qu'il m'ait parlé de sa dette; voyant qu'il paraissait l'avoir oubliée, je l'ai prié de me rendre mon or. Quelle a été ma surprise lorsque, pour toute réponse, il m'a dit me l'avoir rendu! Je n'ai ni billet ni témoins. Je demande à Votre

Seigneurie d'ordonner à mon débiteur de jurer qu'il m'a payé : je l'ai toujours connu pour un honnête homme, je ne puis croire qu'il voulût faire un faux serment.

— Qu'avez-vous à dire? demanda Sancho à l'autre vieillard, qui écoutait en silence, appuyé sur un gros bâton. — Je suis prêt, répondit-il, à jurer sur votre baguette de juge que j'ai remis à cet homme les dix écus d'or qu'il m'a prêtés. » Sancho baissa sa baguette, et le vieillard, donnant son bâton à tenir à son créancier, étend la main sur la croix de la baguette, et fait serment qu'il a rendu la somme qu'on lui demandait; ensuite il reprend son bâton, et, d'un air assuré, regarde tout le monde. Le premier vieillard, étonné, considère quelques instants celui qui venait de jurer, puis il lève les yeux au ciel avec plus de pitié que de colère, et, sans rien dire, il allait sortir, lorsque Sancho le rappela. Sancho, qui n'avait pas perdu un seul de leurs mouvements, comparait, en se frottant le front, les visages des deux plaideurs, et distinguait fort bien sur l'un le caractère de la probité. « Tout n'est pas fini, dit-il : vieillard, qui jurez si facilement, donnez-moi votre gros bâton. Prenez-le, continua-t-il, vous qui demandez ce qui vous est dû, vous pouvez partir à présent, sur ma parole; vous êtes payé. — Mais, seigneur, reprit le créancier, ce bâton ne vaut pas dix écus d'or. — Je pense qu'il les vaut, répond le gouverneur; et, pour nous en assurer, j'ordonne qu'on le brise tout à l'heure. » Il est obéi; les dix écus d'or sortent du milieu du bâton. Toute l'assemblée applaudit, et les habitants de l'île ne doutent plus que leur gouverneur ne soit un nouveau Salomon.

CHAPITRE XXVII

CONTINUATION DU GOUVERNEMENT DE SANCHO PANÇA

E même jour l'illustre Sancho, après avoir fait éclater sa sagesse dans les jugements qu'on a rapportés, fut conduit en grande pompe de la salle de justice au palais qui devait être sa demeure. Là, dans une vaste salle, était dressée une grande table, couverte d'excellents mets. Dès que Sancho parut, des fifres, des hautbois se firent entendre, et quatre pages vinrent présenter une aiguière au gouverneur, qui se lava gravement les mains, en regardant de côté le dîner. La musique ayant cessé, Sancho vint s'asseoir à table, où son couvert était seul. A ses côtés se plaça debout un vénérable et grand personnage, vêtu de noir, portant une longue baguette à la main. Sancho, sans rien dire, mais d'un air inquiet, le considéra quelques instants, tandis qu'un jeune bachelier bénissait les mets, et que le maître d'hôtel approchait les meilleurs plats.

Notre gouverneur, qui mourait de faim, se hâta de remplir son assiette ; mais à peine il portait à sa bouche le premier morceau, que le grand personnage noir baissa sa baguette, et sur-le-champ l'assiette et le plat furent emportés. Le maître d'hôtel, diligent, vient présenter un autre mets : le gouverneur veut en goûter ; la baguette arrive avant lui, le mets disparaît comme l'autre. Surpris et peu satisfait de cette promptitude à dégarnir la table, Sancho demande à l'homme à la baguette si la coutume du pays était de dîner comme on joue à passe-passe. « Non, seigneur, répond le grand personnage : j'ai l'honneur d'être le médecin des gouverneurs de cette île ; cette place, qui me fait jouir de fort gros appointements, me prescrit le soin d'étudier le tempérament, la complexion de monseigneur, afin de lui faire éviter tout ce qui pourrait être nuisible à sa précieuse santé. Pour cela j'assiste toujours à ses repas, et je ne lui laisse manger que les choses qui lui conviennent. Le premier plat, dont Votre Seigneurie a goûté, était un aliment froid, que son estomac aurait eu de la peine à digérer ; le second, au contraire, était chaud, provoquant trop à la soif, risquant d'enflammer les entrailles et d'absorber l'humide radical si nécessaire à la vie.

— C'est à merveille ! reprit Sancho ! mais, par exemple, ces perdrix rôties ne peuvent que me faire du bien ; je vais en manger une ou deux, sans courir le plus petit danger. — Non assurément, monseigneur, et je vous défends d'y toucher. — Pourquoi cela, s'il vous plaît ? — Parce que notre maître Hippocrate a dit expressément dans ses Aphorismes : *Omnis saturatio mala, perdix autem pessima;* ce qui signifie que la perdrix est le plus mauvais des aliments. — Cela étant, monsieur le docteur, faites-moi le plaisir de bien regarder tout ce qui est sur la table, de marquer une bonne fois ce qui est salutaire, ce qui est nuisible, et puis de me laisser manger à mon aise ; car, de quelque façon que ce soit, je vous avertis qu'il faut que je dîne, et je ne suis pas gouverneur pour le plaisir de mourir de faim. — Votre Seigneurie a raison ; je vais lui indiquer les aliments qu'elle pourra se permettre : Ces lapereaux ne valent rien, parce que c'est un gibier lourd ; ce veau ne vous est pas meilleur, parce que ce n'est pas une viande faite ; ces ragoûts sont détestables, à cause des épiceries ; ce rôti, s'il n'était pas lardé, pourrait vous être permis, mais comme le voilà c'est impossible. — Mais, monsieur le docteur, cette oille que je vois fumer au bout de la table, et dont je sens d'ici le parfum ; cette oille est composée de toutes sortes de viandes : il est impossible que dans le nombre je n'en trouve quelqu'une qui me convienne. Portez-moi cette oille, maître d'hôtel. — Je le lui défends sur sa tête. Juste ciel ! qu'osez-vous demander ? Rien n'est plus malsain, rien n'est plus funeste qu'une oille ; il faut laisser ce mets grossier aux chanoines, aux professeurs de collège, aux festins de noces des laboureurs ; leurs estomacs peuvent s'en accommoder, mais celui d'un gouverneur demande des aliments plus légers. Votre Seigneurie doit fort bien dîner avec un peu de conserve de coings, ou quelque autre confiture ; et si elle se sent une grande faim, elle peut y joindre un ou deux biscuits. »

A ces mots Sancho se renverse sur le dossier de son fauteuil, et toisant le médecin depuis les pieds jusqu'à la tête : « Monsieur le docteur, dit-il, comment vous nommez-vous, s'il vous plaît ? — Je m'appelle, répondit-il, le docteur Pedro Recio de Agüero ; je suis né dans le village de Tirtea Fuera, qui est entre Caroquel et Almodovar del Campo, sur la droite ; et j'ai pris le bonnet de docteur dans l'université d'Ossone. — Eh bien ! s'écria Sancho avec des yeux brûlants de colère, monsieur le docteur Pedro Recio de Agüero, natif de Tirtea Fuera, qui avez pris le bonnet à Ossone, sortez tout à l'heure de ma présence ; sinon je jure Dieu que je vous fais pendre, vous et tous les médecins de Tirtea Fuera que je trouverai dans mon île ; sortez, dis-je, peste des humains et fléau des gouverneurs, ou je vous étrille si bien, que jamais lapin ou perdrix ne risquera de vous faire du mal. Que l'on me donne à manger, je l'ai bien gagné ce matin. »

Le docteur, tout tremblant, s'enfuit. Sancho, remis à peine de sa fureur, allait commencer à dîner, lorsqu'on entendit le bruit d'un courrier. Le maître d'hôtel, regardant par la fenêtre, s'écria : « Voici sûrement des nouvelles importantes, car c'est de la part de monseigneur le duc. » Le courrier, couvert de poussière, vint présenter un paquet à Sancho, qui le remit à l'intendant, et s'en fit lire l'adresse. Elle portait : « A don Sancho Pança, gouverneur de l'île de Barataria, « pour être remise en ses mains ou dans celles de son secrétaire. » — « Qui est mon secrétaire ? demanda Sancho. — C'est moi, seigneur, répondit un jeune homme avec un accent biscaïen. — Ah ! ah ! c'est la première fois qu'on a pris des secrétaires dans votre pays. Lisez cette lettre, si vous pouvez, et rendez-m'en compte. »

Le Biscaïen, après l'avoir lue, demanda de parler seul à M. le gouverneur. Tout le monde se retira, excepté l'intendant ; et le secrétaire fit lecture de la lettre, qui s'exprimait en ces termes :

« Je viens d'être averti, seigneur don Sancho, que mes ennemis et les vôtres doivent venir « vous attaquer pendant la nuit. Tenez-vous prêt à les recevoir. Je sais de plus, par des espions « fidèles, que quatre assassins déguisés sont entrés dans votre ville ; ils en veulent à vos jours.

« Examinez avec soin tous ceux qui vous approcheront, et surtout ne mangez de rien de ce
« qu'on vous présentera. Je me prépare à vous secourir; mais j'espère tout de votre valeur et
« de votre prudence.

                                                                « Votre ami, le duc. »

« Monsieur l'intendant s'écria Sancho lorsqu'il eut entendu cette lettre, la première chose
que nous avons à faire, c'est de mettre dans un cul-de-basse-fosse le docteur Pedro Recio; car,
si quelqu'un en veut à mes jours, ce ne peut être que lui, qui voulait me faire mourir de faim.
— Seigneur, répondit l'intendant, l'avis que nous venons de recevoir mérite la plus sérieuse
attention. J'ose supplier Votre Seigneurie de ne toucher à aucun des mets qui sont sur sa table,
attendu que je ne puis répondre des personnes qui les ont apprêtés.— A la bonne heure! reprit
tristement Sancho; mais faites-moi donc apporter du pain bis avec quelques livres de raisin :
ce serait bien le diable si on les avait empoisonnés. De façon ou d'autre, il faut que je mange;
les gouverneurs ne peuvent vivre d'air, surtout quand ils sont à la veille de livrer des batailles.
Quant à vous, mon secrétaire, répondez à M. le duc que je ferai de point en point tout ce
qu'il me recommande; ajoutez des baise-mains un peu galants pour madame la duchesse. Dites
aussi quelque chose pour monseigneur don Quichotte, afin qu'il voie que je ne suis pas un
ingrat; et arrangez le tout d'un bon style, comme un Biscaïen que vous êtes. Allons! continua-
t-il en soupirant, qu'on desserve cette belle table et qu'on m'apporte mes raisins, puisque les
coquins qui m'en veulent me réduisent à ce triste dîner. »

CHAPITRE XXVIII

LABORIEUSE FIN DU GOUVERNEMENT DE SANCHO

EPT jours s'étaient écoulés depuis que l'illustre gouverneur tenait les rênes
de son empire. Accablé de lassitude, n'en pouvant plus, rassasié, non de bonne
chère, mais de procès, de règlements, de lois nouvelles, il profitait du calme de
la nuit pour prendre un moment de repos, et commençait à livrer au sommeil
ses paupières affaissées, lorsque tout à coup il est réveillé par des clameurs, le son des cloches,
et l'épouvantable bruit qu'il entend dans toute la ville. Il lève la tête, s'assied sur son lit, écoute

attentivement; le bruit redouble, et les trompettes, les tambours, les divers instruments de guerre, se mêlent aux voix différentes, aux cris perçants de terreur, aux coups redoublés des tocsins. Surpris, troublé, saisi de frayeur, il se jette à bas, chausse ses pantoufles, et, sans se donner le temps de se vêtir, il court à la porte de sa chambre. A l'instant même arrivent en courant une vingtaine de personnes l'épée à la main, portant des flambeaux, et criant de toutes leurs forces : « Aux armes, aux armes, seigneur gouverneur! les ennemis sont dans l'île, nous sommes perdus; nous n'avons d'espoir que dans votre seule vaillance. »

A ces paroles Sancho, interdit, regarde en silence ceux qui lui parlaient. « Armez-vous donc, lui dit un d'entre eux, armez-vous, seigneur, ou c'est fait de vous et de votre gouvernement. — J'aurai beau m'armer, répondit-il, il n'en sera ni plus ni moins. Je n'entends pas grand'chose aux armes : cette affaire-ci regarde mon maître; c'est à lui qu'il faut la laisser. Je vous réponds qu'en un tour de main il vous aura fait place nette; mais, quant à moi, je vous le répète, les batailles ne sont pas mon fort. — Qu'osez-vous dire, seigneur? Vous êtes notre capitaine, notre chef, notre général. Nous vous apportons des armes offensives et défensives; hâtez-vous de vous en servir; et que chacun ici fasse son devoir, vous en marchant à notre tête, nous en mourant pour vous défendre. — A la bonne heure, messieurs! armez-moi donc puisque vous le voulez. »

Aussitôt sur la chemise du malheureux gouverneur on applique deux larges boucliers, l'un par devant, l'autre par derrière; on les attache ensemble avec des liens, en faisant passer ses bras par les vides des deux boucliers. Ainsi serré comme entre deux étaux, Sancho se trouve pris jusqu'aux genoux, qu'il n'a pas même la liberté de ployer : il demeure fixe, immobile, debout et droit comme un fuseau. On lui met une lance à la main, sur laquelle il appuie le poids de son corps; et tous alors, avec de grands cris, lui disent : « Venez, guidez-nous, nous sommes sûrs de la victoire; allons, marchez, digne héros. — Eh! comment voulez-vous que je marche? répond le triste gouverneur, je ne peux pas remuer les jambes, tant vous m'avez bien emboîté entre ces planches, qui m'étouffent! N'espérez pas que j'aille avec vous si vous ne prenez la peine de me porter. Vous me poserez ensuite au poste qu'il vous plaira, je vous réponds bien de rester à ce poste. — Ah! seigneur gouverneur, ce ne sont pas ces boucliers qui vous empêchent de marcher; rien n'arrête jamais les hommes courageux. Mais le temps se perd, le péril croît, l'ennemi s'avance; allons! faites un effort! »

Sancho, piqué de ces reproches, voulut tenter de se remuer. Au premier mouvement qu'il fait, il perd son aplomb et tombe par terre; là, il reste comme la tortue ensevelie dans sa profonde écaille ou comme un bateau jeté sur le sable, où il demeure engravé. Sans pitié

pour lui, les mauvais plaisants qui l'environnent ne font pas semblant de l'avoir vu tomber.
Ils éteignent les flambeaux, redoublent leurs cris, vont, viennent, courent, se précipitent les
uns sur les autres, en faisant retentir le bruit des épées sur les casques, sur les écus. A chaque
coup Sancho, tremblant, Sancho, suant à grosses gouttes, retirait sa tête sous ses boucliers, se
ramassait, se faisait petit autant qu'il lui était possible, et recommandait son âme à Dieu. Ce fut
bien pis lorsqu'un des combattants s'avisa de monter debout sur le pauvre gouverneur, et de
là, comme d'un poste élevé, se mit à commander l'armée, en criant : « Marchez ici ; les ennemis
viennent par là ; courez vite de ce côté ; renforcez ce corps de garde ; fermez cette porte ; palis-
sadez ce passage ; apportez des grenades, de la poix, de l'huile bouillante : barricadez les rues :
courage, amis, tout va bien ! — Ce n'est pas pour moi que tout va bien, disait en lui-même le
pauvre Sancho, qui écoutait et portait le babillard commandant. Oh ! si le bon Dieu me faisait
la grâce de donner cette île aux ennemis, je l'en remercierais de bon cœur ! »

A l'instant même il entend crier : « Victoire ! victoire ! ils ont pris la fuite. Levez-vous,
seigneur gouverneur, venez jouir de votre triomphe, venez partager les dépouilles que nous
devons au puissant effort de votre bras invincible. — Si vous voulez que je me lève, répond
Sancho d'une voix dolente, il faut d'abord que vous me leviez. » On le mit alors sur ses pieds.
« Je suis bien aise, reprit-il, que les ennemis soient battus ; je ne leur ai pas fait grand mal, et
j'abandonne ma part des dépouilles pour un petit doigt de vin, si quelqu'un de vous a la
charité de me le donner. » On courut lui chercher du vin, on le délivra des deux boucliers, et,
ruisselant de sueur, on le porta sur son lit, où il fut quelque temps à reprendre ses sens. Enfin,
ayant retrouvé un peu de force, il demanda quelle heure il était. On lui dit que l'aurore allait
paraître. Sans répondre, il se leva, s'habilla lentement, dans un grand silence, s'en alla droit à
l'écurie, suivi de toute sa cour. Là, s'approchant de son âne, il lui prit la tête dans ses deux
mains, il lui donna un baiser sur le front ; et fixant sur lui des yeux pleins de larmes : « Mon
ami, dit-il, mon vieux camarade, toi qui ne t'es jamais plaint de partager ma misère tant que je
ne t'ai pas quitté, tant que, satisfait de mon sort, je ne pensais qu'à te nourrir ou à raccommoder
ton bât, mes heures, mes jours, mes années étaient heureuses : depuis que la vanité, l'ambition,
le sot orgueil, ont pris place dans mon cœur, je n'ai senti que des peines, des chagrins et des
maux cuisants. »

En disant ces mots, et sans prendre garde à personne, il s'en va chercher le bât, revient le
mettre sur l'âne, l'y attache, monte dessus, et regardant l'intendant, le secrétaire, le maître
d'hôtel, le docteur Pedro Recio, qui l'environnaient : « Messieurs, dit-il, laissez-moi passer,
laissez-moi retourner à mon ancienne vie, à mon ancienne liberté, sans laquelle il n'est point

de bonheur. Je ne suis point né, je le sens, pour gouverner ou défendre des îles. Je m'entends mieux à labourer, à bêcher, à tailler la vigne, qu'à faire des ordonnances et à livrer des batailles. Saint Pierre n'est bien qu'à Rome; chacun n'est bien que dans son état. La baguette de gouverneur pèse plus à ma main que la faucille ou le boyau. J'aime mieux me nourrir de pain bis que d'attendre la permission d'un impertinent médecin pour manger des mets délicats; j'aime mieux dormir à l'ombre d'un chêne que de ne pas fermer l'œil sous des rideaux de satin. Pauvreté, paix et liberté, voilà les seuls biens de ce monde. Adieu, messieurs, je vous salue; nu je vins, nu je m'en vas : j'entrai dans le gouvernement sans avoir un sou dans ma poche, j'en sors sans avoir une maille. Je souhaite que tous les gouverneurs puissent en dire autant. Serviteur, messieurs, laissez-moi partir; il est temps que j'aille me faire panser : car j'ai les côtes brisées, grâce à messieurs les ennemis, qui n'ont pas cessé depuis hier au soir de se promener sur mon corps.

— Tranquillisez-vous, seigneur, reprit le docteur Pedro Recio, je vais vous donner un certain breuvage qui rétablira sur-le-champ vos forces, et je vous promets de vous laisser manger tous les mets qui vous conviendront. — Bien obligé, bien obligé, monsieur de Tirtea Fuera; il est trop tard; votre breuvage et vos belles paroles ne me tentent point; je ne veux pas plus de vos ordonnances que je ne veux de gouvernement; ce n'est pas moi que l'on attrape deux fois. Je suis de la race des Pança, race opiniâtre et têtue; lorsqu'ils ont dit une fois non, le diable ne leur ferait pas dire oui. Bonsoir, bonsoir; je laisse dans cette écurie les ailes de la fourmi, qui, s'étant avisée de voler, pensa être mangée par les hirondelles. Je ne veux plus voler, je veux marcher terre à terre, à pied, sinon en escarpins, du moins en sabots. Il faut pour que tout aille bien mettre les moutons avec les moutons, et ne pas étendre la jambe plus loin que ne va le drap. Adieu pour la dernière fois; le temps s'écoule; j'ai du chemin à faire. »

« — Seigneur, dit alors l'intendant, malgré les regrets douloureux que doit nous laisser votre perte, nous ne vous retiendrons point de force; mais il est d'usage que tout gouverneur rende compte de son administration avant de quitter sa place; ayez la bonté de remplir ce devoir, et vous partirez ensuite. — Monsieur, répondit Sancho, personne, hors monseigneur le duc, n'a le droit de me demander ce compte; or, je m'en vais trouver monseigneur le duc, et je le ferai volontiers juge de toutes mes actions; d'ailleurs, je vous ai dit que je sortais d'ici tout aussi pauvre que j'y étais entré; c'est une preuve assez bonne, je crois, que j'y suis resté honnête homme. — Le grand Sancho a raison, s'écria le docteur Pedro Recio; affligeons-nous de le voir partir, mais laissons-lui sa pleine liberté. » Cet avis prévalut. On offrit au gouverneur, on le pressa de prendre avec lui tout ce dont il pouvait avoir besoin; le modeste Sancho ne voulut rien, qu'un peu d'orge pour son âne et un morceau de pain et de fromage pour lui. Après avoir embrassé tout le monde, non sans répandre quelques larmes, il se mit en chemin, laissant les mauvais plaisants qui l'avaient tant tourmenté aussi surpris de sa résolution subite que de sa profonde sagesse.

CHAPITRE XXIX

DE CE QUI ARRIVA DANS LA ROUTE A SANCHO PANÇA

ANCHO, moitié triste, moitié joyeux, cheminait au petit pas, et songeait au plaisir qu'il aurait à retrouver son bon maître, qu'il chérissait plus que tous les gouvernements de la terre. Quand il se vit à peu près à la moitié de sa route, il s'arrêta dans un bois, descendit, fit dîner son âne, et dîna lui-même avec son fromage et son pain. Après ce repas, le meilleur qu'il eût fait depuis huit jours, il s'endormit au pied d'un arbre, sans seulement se souvenir qu'il eût jamais été gouverneur.

Le pauvre Sancho, harassé des fatigues de la nuit précédente, ne se réveilla qu'après le coucher du soleil. Il se remit en chemin, et les ténèbres le surprirent à une demi-lieue du château du duc. Pour comble de malheur, en errant au milieu de la campagne, lui et sa monture allèrent tomber dans une fosse profonde, voisine d'un vieux château ruiné. Notre écuyer, en tombant, crut que c'en était fait de lui, et qu'il arriverait en morceaux dans le fond de cet abîme; mais à la distance de quelques toises il se trouva sain et sauf dans la même position, c'est-à-dire sur son âne. Il se tâta tout le corps, retint son haleine pour bien s'assurer qu'il était encore en vie; et, se voyant sans aucun mal, il remercia Dieu de ce miracle; ensuite, cherchant avec ses mains s'il lui serait possible de remonter, il trouva que la terre, coupée à pic, ne lui présentait partout que des murailles droites et rases. Le chagrin qu'il en ressentit fut augmenté par les tendres plaintes de son âne, qui, un peu froissé de la chute, se mit à braire douloureusement. « Ah! juste ciel! s'écria Sancho, à combien de maux imprévus l'on est exposé dans ce pauvre monde! Qui jamais aurait imaginé qu'un homme ce matin encore gouverneur d'une île superbe, environné de ministres, de gardes et de valets, se trouverait ce soir dans un trou sans avoir personne pour l'en retirer! Ah! mon pauvre âne, mon seul ami, nous allons périr de faim; nous sommes enterrés tout vivants. La fortune n'a pas voulu que nos jours finissent ensemble, dans notre chère patrie, au milieu de notre famille, qui, en pleurant notre perte, nous aurait fermé les yeux. Pardonne-moi, mon bon camarade, le triste prix que tu reçois de tes fidèles services; pardonne-moi: ce n'est pas ma faute; mon cœur m'est témoin que la mort m'est moins cruelle pour moi que pour toi. »

La nuit se passa dans ces tristes plaintes, la clarté du jour vint confirmer à notre écuyer qu'il lui était impossible de sortir seul de cette fosse. Il poussa des cris, dans l'espoir d'être entendu de quelque voyageur : nul voyageur ne l'entendit; Sancho criait dans le désert; ne doutant plus que sa mort ne fût certaine, il ne voulut point prolonger ses jours en ménageant le peu qui lui restait de pain; il le présenta à son âne, qui, couché par terre, les oreilles basses, regarda ce pain douloureusement, et le mangea d'assez bon appétit; tant il est vrai que les plus vives douleurs se calment toujours en mangeant. A l'instant même Sancho aperçut à l'extrémité de la fosse une espèce d'excavation dans laquelle un homme pouvait passer. Il y court, s'y glisse, et découvre que cette excavation, plus large en dedans, conduisait dans un long souterrain, au bout duquel on voyait la lumière. Plein d'espérance, il prend un caillou, s'en sert comme d'un outil, et rend l'ouverture assez large pour son âne. Il le fait entrer ensuite dans ce souterrain, qui, tantôt obscur, tantôt éclairé, lui présente un chemin facile. Il marche ainsi quelque temps, disant en lui-même : « Cette aventure serait bien meilleure pour monseigneur don Quichotte que pour moi; il ne manquerait pas de trouver ici des jardins fleuris et des palais de cristal; il serait charmé; moi, je tremble de tomber dans quelque précipice plus profond que le premier. Ce serait un miracle d'en être quitte pour ce qui m'est arrivé; je connais trop bien le proverbe : O malheur, je te salue si tu viens seul! »

Tout en disant ces mots il cheminait, et fit à peu près une demi-lieue sans pouvoir trouver le bout du souterrain.

A ce moment don Quichotte, fatigué de sa longue oisiveté, songeait à prendre congé de ses hôtes. Il allait dans cette intention se promener chaque matin sur le vigoureux Rossinante, afin de le remettre en haleine. Ce même jour, en galopant, il arriva jusqu'au bord d'un trou, dans lequel il serait tombé s'il n'eût promptement retenu les rênes. Comme il avançait la tête pour considérer cette cavité, il entend des cris sous la terre, écoute plus attentivement, et distingue ces tristes paroles : « N'y a-t-il personne là-haut? Quelque bon chrétien, quelque chevalier charitable n'aura-t-il point pitié d'un pauvre gouverneur, tombé dans un précipice? » Don Quichotte, surpris et troublé, crut reconnaître la voix de son écuyer : « Qui se plaint là-bas?

cria-t-il; réponds, dis-moi qui tu es. — Eh! qui pourrait-ce être, sinon Sancho, gouverneur, pour ses péchés, de l'île Barataria, auparavant écuyer du fameux chevalier errant don Quichotte de la Manche? » Ces paroles augmentèrent la surprise de don Quichotte; il s'imagina que Sancho était mort, et que son âme revenait pour lui demander des prières. « Ami, répondit-il, si, comme je le pense, tu souffres dans le purgatoire, tu n'as qu'à me dire ce que je dois faire pour soulager tes tourments; je suis bon catholique, et je fais de plus profession de secourir les malheureux. — Cela étant, monseigneur, vous êtes mon maître don Quichotte; ayez pitié de votre malheureux écuyer Sancho, qui n'est pas dans le purgatoire, qui n'est pas même mort, à ce qu'il croit, mais qui est tombé dans une fondrière, où il est depuis hier au soir, avec son âne, que voilà, et qui peut certifier s'il ment. »

L'âne aussitôt, comme s'il eût entendu son maître, se mit à braire de toutes ses forces. « Je n'en doute point, je n'en doute point, s'écria don Quichotte ému, je reconnais les deux voix. Attends, mon ami, je vais au château chercher du secours. »

Notre héros part, et va raconter au duc et à la duchesse l'accident de son écuyer. Ceux-ci ne furent pas peu surpris d'apprendre qu'il avait abandonné son gouvernement. Ils envoyèrent sur-le-champ beaucoup de monde avec des outils et des cordes à ce souterrain, connu dans le pays depuis des siècles. On vint à bout, à force de travail, de retirer Sancho et son âne. Un étudiant qui se trouvait là dit, en voyant l'écuyer pâle, tremblant, demi-mort de faim : « Voilà comment tous les mauvais gouverneurs devraient sortir de leurs gouvernements. — Frère, répondit Sancho, je n'ai gouverné que huit ou dix jours; pendant ce temps les médecins m'ont empêché de manger, les ennemis m'ont brisé les os, et je n'ai pas touché un maravédis; je ne méritais donc pas de sortir ainsi de ma place. Mais l'homme propose, Dieu dispose, et les médisants babillent. Il faut les laisser babiller, se soumettre au sort, et ne jamais dire : Fontaine, je ne boirai pas de ton eau. »

Le trajet était court jusqu'au château. Sancho, à son arrivée, environné de tous les gens de la maison, alla se mettre à genoux devant le duc, qui l'attendait dans une galerie avec la duchesse. « Votre Grandeur, lui dit-il, sans que je l'eusse mérité, m'a donné le gouvernement de l'île de Barataria : je me suis acquitté de mon mieux de cette pénible charge; c'est à ceux qui m'ont vu agir à vous dire si ce mieux est bien. Ce qu'il y a de sûr, c'est que j'ai fait des lois nouvelles, rendu des ordonnances, jugé des procès, et toujours à jeun, grâce au docteur Pedro Recio, natif de Tirtea Fuera, médecin gagé chèrement pour faire mourir de faim les gouverneurs. Les ennemis sont entrés dans l'île pendant la nuit : plusieurs personnes m'ont assuré que c'était moi qui les avais vaincus; je le veux bien, et je demande à Dieu de ne jamais recevoir d'autre mal que celui que je leur ai fait. Tandis que je les battais, j'ai réfléchi aux inconvénients de la grandeur, aux pénibles devoirs qu'elle impose, et j'ai pensé que ce poids était trop lourd pour mes épaules. En conséquence, avant que le gouvernement me laissât, j'ai laissé le gouvernement; et hier matin j'ai quitté l'île, que vous retrouverez avec les mêmes rues, les mêmes maisons, les mêmes toits qu'elle avait lorsque vous me l'avez confiée. J'en suis sorti comme j'y étais entré, n'emportant rien que mon âne, qui a eu le malheur de tomber avec moi dans une fondrière, où nous serions encore sans monseigneur don Quichotte. Ainsi donc, madame la duchesse, voici votre gouverneur revenu à vos pieds, qu'il baise, et revenu surtout de l'idée que les gouvernements soient faits pour lui. Je n'en veux plus, je vous remercie; je me remets paisiblement au service de mon ancien maître, auprès de qui, si quelquefois j'éprouve de petits accidents, je trouve du moins de la joie, du pain et de l'amitié. »

Tel fut le discours de Sancho, que don Quichotte lui-même applaudit, après avoir craint d'abord qu'il ne lui échappât quelque sottise. Le duc l'embrassa tendrement, et l'assura qu'il allait s'occuper de lui donner une autre place, moins difficile et plus lucrative. La duchesse voulut aussi embrasser son ancien ami, et donna l'ordre à son maître d'hôtel que les soins les plus attentifs le consolassent de ses disgrâces.

CHAPITRE XXX

DÉPART DE DON QUICHOTTE DE CHEZ LA DUCHESSE. — COMBAT CONTRE LE CHEVALIER
DE LA BLANCHE LUNE. — RETOUR DE DON QUICHOTTE. — SA MORT.

OTRE héros, charmé dans le fond de son cœur du retour de son écuyer, résolut de ne plus différer à se remettre en campagne. Depuis longtemps il se reprochait de perdre dans la mollesse un temps dont il devait compte à la renommée. Il alla donc prendre congé du duc et de la duchesse, et leur annonça son départ pour le lendemain matin. On lui témoigna les plus vifs regrets. La duchesse, sensible au bon cœur de Sancho, lui fit de tendres adieux, lui recommanda de s'adresser à elle si jamais elle pouvait lui être utile, et souhaita autant de gloire que de bonheur au chevalier de la Manche.

Le lendemain don Quichotte, couvert de ses armes et monté sur Rossinante, parut dans la cour du château. Son écuyer, près de lui, sur son âne, montrait un visage satisfait, et ce n'était pas sans motif. L'intendant, d'après les ordres de la duchesse, était venu lui porter en secret une bourse de deux cents écus d'or, que notre écuyer avait baisée et serrée dans son sein. Tous les habitants du château étaient aux balcons, aux croisées ; tous saluaient les deux héros.

Aussitôt que don Quichotte se vit en rase campagne, maître de poursuivre ses glorieux desseins, il sentit naître dans son âme une force, une ardeur nouvelle ; et, se tournant vers son écuyer : « Ami, dit-il, dans l'univers il n'est qu'un seul bien digne des efforts, des travaux, de l'amour des hommes : ce bien, c'est la liberté ! Tous les trésors qu'enferme la terre, tous ceux que possède la mer, toutes les jouissances que promet la fortune, tous les plaisirs qu'inventa la mollesse, ne peuvent être comparés à cette liberté précieuse pour laquelle le mortel qui pense expose sans cesse ses jours et les sacrifie avec joie.

— Monsieur, répondit l'écuyer, ce que vous dites est fort beau ; cependant vous me permettrez d'être bien aise de ce que l'intendant de madame la duchesse est venu me remettre de sa part deux cents écus d'or, dans une bourse que je porte ici sur mon estomac. Vous pouvez vous tranquilliser sur le malheur d'habiter des châteaux où l'on nous traite trop bien : ces châteaux-là ne sont pas communs, tandis qu'il y a dans le monde une infinité d'hôtelleries où l'on est roué de coups.

Comme ils s'entretenaient ainsi, ils virent paraître tout à coup un chevalier armé de pied en cap, monté sur un magnifique cheval, cachant son visage sous sa visière, et portant sur son large bouclier une lune éblouissante. Cet inconnu arrive au galop, s'arrête devant don Quichotte, et d'une voix haute et fière :

« Illustre guerrier, dit-il, tu vois le chevalier de la Blanche Lune ; dès longtemps la Renommée a dû t'apprendre quel est ce nom. Je viens m'éprouver avec toi ; je viens te faire convenir que ma dame l'emporte en attraits, en beauté, sur ta fameuse Dulcinée. Si tu consens à l'avouer de bon gré, tu m'épargneras la peine de te vaincre et le regret de te donner la mort ; si ton mauvais destin te force à combattre, écoute les conditions de notre combat : vaincu par moi, tu te retireras dans ta maison, où j'exige que tu passes une année sans reprendre l'épée ; vaincu par toi, je t'abandonne mes armes, mon cheval, ma vie et ma gloire. Décide-toi promptement, je n'ai que ce seul jour à te donner.

Paris. — Typ. Ch. Unsinger.

Sans armes, sans épée, dans l'équipage d'un vaincu,
précédé de Rossinante encore boiteux, de l'âne qui portait son armure et de Sancho marchant à pied,
notre héros se mit en chemin.

— Chevalier de la Blanche Lune, répond don Quichotte aussi surpris qu'irrité de tant d'arrogance, tu n'as jamais vu Dulcinée; un seul de ses regards eût suffi pour te prouver qu'aucune dame ne peut lui être comparée. Ta folle erreur me fait pitié, mais j'accepte tes conditions: prépare ta lance, et commençons à l'instant même. »

Sancho écoutait encore tout ébahi, que déjà les deux adversaires avaient pris du champ; il n'était plus possible de les séparer; déjà tous deux fondaient l'un sur l'autre. Le coursier de l'inconnu, plus grand, plus fort que Rossinante, fournit presque à lui seul toute la carrière; il arriva comme la foudre sur le malheureux don Quichotte, et le jeta lui et son cheval à vingt pas de là sur le sable. Aussitôt le chevalier vainqueur, qui n'avait pas voulu se servir de sa lance, et l'avait relevée exprès en rencontrant notre héros, revint lui présenter la pointe à la visière, en lui disant : « Vous êtes mort, si vous ne faites l'aveu que je vous ai demandé. » Don Quichotte rassemble toutes ses forces, et lui répond d'un accent lamentable : « Le malheur ou la faiblesse du chevalier de Dulcinée n'empêche pas qu'elle ne soit la plus belle de l'univers. Hâte-toi de m'ôter la vie; le trépas est un bienfait pour quiconque a perdu l'honneur.

— A Dieu ne plaise, répond l'inconnu, que j'immole le plus magnanime, le plus fidèle des chevaliers! Que la beauté de Dulcinée, que sa gloire restent parfaites! Ton vainqueur même lui rend hommage. La seule chose que j'exige, c'est que le grand don Quichotte, observant les conditions de notre combat, s'abstienne de porter les armes pendant une année entière, et se retire dans sa maison. — Il le jure, foi de chevalier, répond le héros vaincu, puisqu'il n'y a rien dans ce serment de contraire à l'honneur de Dulcinée. »

A ces mots l'inconnu prend le galop et s'en retourne vers la ville.

Hâtons-nous de dire que le chevalier de la *Blanche Lune* n'était autre qu'un jeune bachelier nommé Samson Carrasco, ami de la famille de don Quichotte, et qu'il s'était fait chevalier errant pour vaincre notre héros et le forcer à retourner chez lui.

Don Quichotte, demeura six jours dans un lit d'auberge. Au bout de ce temps, il voulut partir, et, sans armes, sans épée, dans l'équipage d'un vaincu, précédé de Rossinante encore boiteux, de l'âne qui portait son armure, et de Sancho marchant à pied, il se mit en chemin.

Deux jours plus tard nos héros arrivèrent à l'entrée de leur village. Les premières personnes qu'ils rencontrèrent furent le curé et maître Nicolas, le barbier, qui sortaient pour se promener; à peine eurent-ils reconnu leur ancien ami qu'ils vinrent à lui les bras ouverts. Don Quichotte descendit de cheval, les serra contre sa poitrine, et les tenant tous deux par la main, prit le chemin de sa maison, suivi d'une foule d'enfants, qui criaient de toutes leur forces : « Voici le Seigneur don Quichotte! voici le bon Sancho Pança! Venez,

venez, madame Thérèse. » Thérèse accourt, à demi vêtue, avec sa fille Sanchette; et ne voyant pas son mari dans l'équipage d'un gouverneur : « Qu'est-ce-ci, dit-elle, mon homme? Où est donc votre carrosse? où sont vos gens et votre équipage? Je crois, par ma foi, que tu es à pied. — Oui, femme, lui répond Sancho; mais tu peux toujours m'embrasser, car je t'apporte de l'argent, et de l'argent bien gagné, je t'assure. — Ah! mon ami! mon bon ami! que je suis aise de te revoir! Je te trouve engraissé, mon fils. Embrasse donc ta fille Sanchette, qui t'attendait comme on attend la rosée du printemps. Viens, viens vite à notre maison; nous avons, j'espère, bien des choses à dire. » A ces mots la mère et la fille prennent Sancho par-dessous le bras, son âne par le licou, et les emmènent en les baisant tous deux.

La gouvernante et la nièce, sorties pour recevoir don Quichotte, firent éclater des transports de joie qui touchèrent notre héros. Il se pressa de leur raconter comment il avait été vaincu, et comment il avait juré de ne porter les armes d'une année. Le barbier et le curé s'efforcèrent en vain de le consoler; rien ne put éclaircir la sombre tristesse qui se lisait sur son visage. Ses deux amis le quittèrent, en lui recommandant de veiller sur sa santé, de songer à se distraire : ce qu'il promit d'un air sérieux.

La gouvernante lui donna de longs et sages conseils, qu'il écouta sans répondre; et sa mélancolie augmenta le soir et le lendemain.

Quelques jours se passèrent ainsi; le silencieux don Quichotte semblait ne prendre intérêt à rien; l'appétit, le sommeil l'avaient abandonné. Sans se plaindre, sans marquer d'humeur, il cherchait la solitude, rêvait, méditait sans cesse, et cachait avec soin les pleurs qui souvent bordaient ses paupières. Le seul Sancho, lorsqu'il venait le voir, lui causait encore un léger sourire; mais c'était son unique réponse aux plaisanteries de son écuyer. Bientôt, il fut pris d'une fièvre ardente qui le força de garder le lit. Pendant tout le temps de sa maladie le curé et maître Nicolas ne quittèrent point leur ami; le bon Sancho, triste, inquiet, ne sortit pas de sa chambre.

On envoya chercher un médecin qui jugea que la mélancolie était la seule cause du mal. Sancho, malgré sa douleur sincère, redoubla d'efforts pour égayer son maître, mais ses efforts furent inutiles.

Le mal fit bientôt des progrès : le médecin, au bout de six jours, ne donnait guère d'espérance. Don Quichotte sentait son état; il pria qu'on le laissât seul, parce qu'il voulait dormir; ce sommeil dura près de sept heures. La gouvernante et la nièce le pleuraient déjà comme mort; mais tout à coup don Quichotte, réveillé, les appelle : « Mes chères filles, dit-il, rendez grâces au Dieu tout-puissant, dont l'infinie miséricorde vient de m'accorder aujourd'hui le plus signalé des bienfaits. — Mon cher oncle, répondit sa nièce, que veut dire votre seigneurie? — Ma nièce, reprit-il doucement, c'est le bien le plus précieux à l'homme, celui qui seul peut lui procurer un peu de repos dans cette misérable vie, et le mettre à même d'obtenir dans l'autre la récompense des vertus. Ce bien si cher, c'est la raison : je l'avais perdue, ma nièce, en employant mes trop longs loisirs à des lectures insensées; le ciel me la rend aujourd'hui; je n'en jouirai pas longtemps; ma reconnaissance n'en est pas moins vive. Je veux profiter du moins de ces courts moments, pour réparer autant qu'il est en moi les erreurs de mon long égarement, pour faire le bien que je n'ai pas fait. Appelez donc, je vous prie, mon ami M. le curé, maître Nicolas et le fidèle Sancho, à qui je dois demander pardon de lui avoir fait partager mon délire. »

Comme il achevait ces paroles ils arrivèrent tous trois. « Mes amis, reprit le mourant, je vous demandais, je vous désirais. Hâtez-vous de me féliciter de ce que je ne suis plus don Quichotte de la Manche; je suis Alonzo Quixano, que l'on surnommait autrefois *le Bon*. Cessez, cessez de voir en moi l'imitateur d'Amadis, de Galaor, de ces héros imaginaires que mon extravagance avait pris pour modèles; n'y voyez que votre voisin, votre fidèle ami, votre frère, dont le faible esprit, longtemps aliéné, retrouve à sa dernière heure assez de raison pour se repentir. Profitons-en, monsieur le curé; daignez entendre l'aveu de mes fautes. Et vous, messieurs, pendant ce temps faites venir, s'il vous plaît, un notaire pour qu'il écrive mes dernières volontés. »

On l'écoutait en silence, on se regardait avec surprise et douleur. Sancho, qui jusqu'à ce moment n'avait pu croire son maître en danger, tombe à genoux auprès du lit, et se met à fondre en larmes. Le malade, lui tendant la main, le pria de le laisser avec M. le curé. Sa confession ne fut pas longue; hélas! son cœur était si pur! Lui-même rappela tout le monde; la gouvernante, la nièce, arrivèrent en poussant des cris; don Quichotte les consola. Lorsque le notaire fut venu, il lui dit de commencer son testament dans les formes ordinaires; ensuite, rassemblant le peu de forces qui lui restaient, il se souleva, s'assit sur son lit, et, d'une voix faible, dicta ces paroles :

« Je laisse à mon ami Sancho Pança, que j'appelais mon écuyer dans le temps de ma folie, deux cents écus, que l'on prendra sur le plus clair de mon bien; de plus, tout l'argent que je lui confiai lorsque nous partîmes ensemble, défendant à mes héritiers de lui en demander jamais compte, et ne regrettant des extravagances dont il a si souvent été le témoin que l'espoir qu'elles me donnaient de lui faire une grande fortune.

— Non, monsieur, interrompt Sancho en pleurant, et voulant empêcher le notaire d'écrire, non, monsieur, vous ne mourrez point; il n'est pas possible que vous mouriez. Suivez mes conseils, mon cher maître; vivez, vivez, et bannissez ce noir chagrin qui seul vous met dans l'état où vous êtes. Je ferai tout ce que vous voudrez, nous irons où il vous plaira; tout m'est égal, pourvu que je sois avec vous.

— Bien obligé, mon pauvre Sancho, interrompt doucement le malade; tu m'as vu si longtemps insensé que tu ne dois pas croire encore que je sois devenu sage. Oublions nos vieilles erreurs, sans oublier notre vieille amitié : c'est toujours ton ami qui t'écoute, mais ce n'est plus don Quichotte; et, pour me servir avec toi d'un de ces proverbes que tu aimais tant, je te dirai que les petits oiseaux de l'an passé ne se trouvent plus dans le nid. Laisse-moi continuer, mon enfant, et reçois mon tendre regret de ne pouvoir te faire plus de bien. »

Il institua alors pour son héritière Antonine Quixana, sa nièce, à la charge de payer une pension à son ancienne gouvernante, et de faire quelques présents qu'il indiqua, comme des gages d'amitié, à maître Nicolas et à M. le curé, qu'il nomma son exécuteur testamentaire.

Aussitôt que le notaire eut achevé ces tristes fonctions, don Quichotte pria M. le curé d'aller chercher les sacrements; il les reçut avec une piété, une résignation, qui édifièrent tout le monde; et le soir, étant retombé dans une grande faiblesse, il rendit son âme à Dieu.

Ainsi finit le héros de la Manche. On lui fit beaucoup d'épitaphes; voici la seule qui soit restée; elle est de Samson Carrasco :

> Passant, ici repose un héros fier et doux,
> Dont les nobles vertus égalaient le courage.
> Hélas! s'il n'eût été le plus charmant des fous,
> On eût trouvé dans lui des humains le plus sage.

TABLE DES MATIÈRES

TABLE DES MATIÈRES

FIN DE LA TABLE

Paris. — Charles Unsinger, imprimeur, 83, rue du Bac.

||||||||||||||||||||||||||||||||||||||||||||||||

www.ingramcontent.com/pod-product-compliance
Lightning Source LLC
Chambersburg PA
CBHW051736090426
42738CB00010B/2278